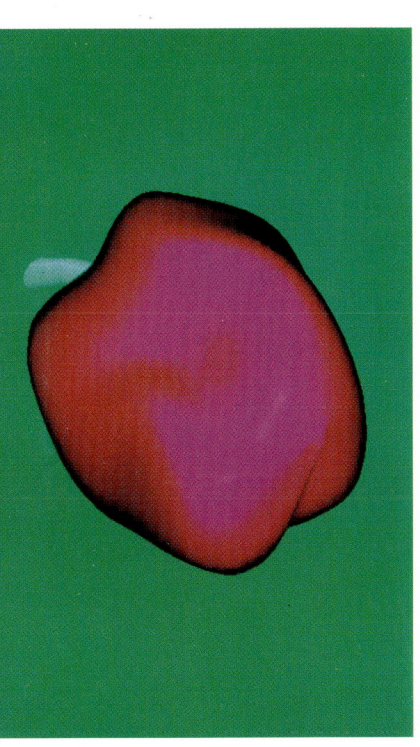

City fruit**ful**

Kuiper Compagnons
Kas Oosterhuis Architekten
A.H. Art Activities | Gebr. A.J. en J.C. Alblas
Witteveen + Bos

Uitgeverij 010 Publishers
Rotterdam 1992

Inhoudsopgave

Voorwoord.......3 | Het idee van de stad........4 | De naam van de stad........6 | De plaats van de stad........7 | Stedebouwkundige Structuur........8 | Bouwkundige Elementen........11 |
Materialiseringen........17 | Glaspaviljoen........18 | Dubbele Bodem........20 | Zonnehoven........22 | Grote Haag........24 | Glasveld........26 | Kristaltuinen........28 |
Doorzonberg en Bloemvulkaan........34 | Golvend Veld........36 | Stadswal........38 | Kringlopen........40 | Waterhuishouding........41 | Klimaatbeheersing........42 |
Energiehuishouding........43 | Afvalverwerking........44 | Kosten en Baten........44 | Gebruik en Beheer........45 | Nawoord........46.

Contents

Preface.......3 | The idea of the city.......4 | The name of the city.......6 | The place of the city.......7 | Urban structure.......8 | Architectural Elements.......11 |
Materialisations.......17 | Glass pavilion.......18 | Double Bottom.......20 | Sun Gardens.......22 | Giant Hedge.......24 | Glass Field.......26 | Crystal Gardens.......28 |
Translucent Mountain and Floral Volcano.......34 | Rolling Field.......36 | City Wall.......38 | Cycles.......40 | Water Management.......40 | Climate Control.......42 |
Energy Control.......43 | Waste Processing.......44 | Costs and Profits.......44 | Use and Management.......45 | Epilogue.......47.

Voorwoord

Voor iedereen is de stad een werkelijkheid, voor sommigen ook een ideaal. Het ideaal staat model voor de werkelijkheid, omgekeerd kan de werkelijkheid het ideaal modelleren. De discussie over de stad is gespannen tussen droom en daad, wil en gewoonte, utopische verlangens en materiële beperkingen.

Een groep uiteenlopende mensen heeft de uitdaging aangenomen om een ideale stad op vier krachtvelden te bouwen: Energie, Ecologie, Economie en Emoties.

Een symbiotisch concept ontkiemde: de combinatie van woningbouw en glastuinbouw, een verweving van tot nog toe strikt gescheiden functies.

Om te zien hoe realistisch dit concept is, is het zo concreet mogelijk uitgewerkt. We zochten een markante plek tussen stad en landschap. Toen Kuiper Compagnons, eerder gevraagd voor het opstellen van een structuurvisie voor Dordrecht, het idee van de stad als archipel toepaste op deze lokatie, was het concept reeds half geschapen. Het gaat erom niet de eenheid maar de diversiteit van de stad te onderscheiden, een stad uit duizend eilanden. We stuitten op tal van vragen. Zijn de belangen van wonen en glastuinbouw niet tegenstrijdig? Duldt een woonwijk economische activiteiten binnen zijn domein? Vergt een combinatie niet gigantische investeringen om overlast te voorkomen? Hoe natuurlijk is nog een tuinbouw die afhankelijk is van een kunstklimaat, bestrijdingsmiddelen en kunstlicht? Zijn energiebesparende maatregelen voor woningbouw en glastuinbouw niet volstrekt verschillend van aard? En tenslotte: wonen in een park, aan de bosrand of een rivier, dat vindt bijna iedereen heerlijk, en wie geen rust, maar gezellige drukte wenst, woont liefst in de binnenstad, maar het is beslist een waagstuk het wonen in of tussen kassen als iets attractiefs voor te stellen, om nog maar te zwijgen van de gevoelens van de glastuinbouwer, die als vrije ondernemer opeens allerlei beperkingen in acht moet nemen. Met de beoogde symbiose tussen cultuur en natuur zijn we een uitdaging aangegaan waarvan de uitkomsten onvoorspelbaar zijn.

Onze inzet was uiteenlopend: filosofieën over stad en cultuur, fascinaties voor constructies met glas, experimenten met installaties voor klimaatbeheersing en met nieuwe technieken voor vruchten- en groententeelt, beeldende creativiteit, bouwfysisch vernuft en de emoties die dit alles oproept. We schiepen het ideaal van een uiterst spannende synthese van het kunstmatige en het natuurlijke. Het ideaal moest zich materialiseren in kringlopen en energiekoppels. Als stedebouwers, architecten, tuinders, technici en economen hebben we ons boerenverstand met enthousiasme opgeladen. Het is een zoektocht geworden naar een manier om de tot nog toe gescheiden functies van wonen, werken en recreëren, produceren en consumeren, samen te laten gedijen en deze kruising te veredelen met het oog op een aantrekkelijke, gezonde en schone omgeving. Onze weddenschap is, dat dat een vruchtbare, een bloeiende omgeving moest zijn. Als ontwerpers hebben we er met plezier aan gewerkt, een plezier waarvan we hopen dat het aanstekelijk werkt.

Preface

For everyone the city is a reality, for us it is also an ideal. Reality is modelled after the ideal, but it is also possible for reality to model the ideal. The discussion about the city balances between dream and action, will and habit, utopian desires and material constraints.

A group of people 'of different feathers' took up the challenge to build an ideal city based on four fields of force - Energy, Ecology, Economy and Emotions.

A symbiotic concept was born: a combination of housing and glasshouse-cultivation, two functions which had been strictly separate before.

To see how realistic this concept was it has been worked out in as much detail as possible. We found the perfect site in Dordrecht, a site between city and landscape. When Kuiper Compagnons, who had been asked earlier to draw up a master plan for the city of Dordrecht, applied the idea of the city as an archipelago to this site, the concept was already halfway. The object is to highlight the diversity of this city rather than its unity. Many questions were raised. Isn't there a conflict of interest between housing and glasshouse-cultivation? Does a residential area allow economic activities on its grounds? Doesn't a combination of functions demand tremendous investments to prevent nuisance? Is there anything natural about a horticulture which depends on artificial climate, herbicides and artificial light? Isn't there a tremendous difference in energy-saving methods between housing and glasshouse-cultivation? And finally: there are people who like to live in a park, at the edge of a wood or along a river, and there are people who prefer the hustle and bustle of the inner city. But it is definitely a bold venture to present living in or between the glasshouses as something attractive, not to mention taking account of the feelings of the glasshouse market gardener, the entrepeneur who suddenly has to observe all kinds of rules and regulations. By trying to create a symbiosis between culture and nature we have accepted an unusual challenge, the results of which cannot be predicted.

Contributions were many and varied: philosophies about city and culture, fascination for constructions of glass, experiments with climate-control equipment and new horticultural techniques, visual creativity, construction ingenuity and emotional impact. We created the ideal of a most exciting synthesis of the artificial and the natural, which had to materialize in the form of recycling systems and energy circuits. As urban planners, architects, glasshouse market gardeners, technicians, and economists, we have combined plain common sense with enthusiasm and imagination. It has become a quest to make separate functions, which have always been kept apart, such as living, working, recreating, producing and consuming, prosper together and from this hybrid breed attractive, healthy and clean surroundings. The venture was - make it a fruitful, a fruit bearing environment. For us its creation has been a source of tremendous pleasure, which we hope is catching.

Het idee van de stad

Energie, Ecologie, Economie en Emotie te integreren in een nieuw stadsconcept is de ambitie van het ontwerp. De vier E's zijn opgevat als krachten die vrucht gaan dragen, zodra ze worden verenigd. Is dit geen modieus amalgaam dat schittert als een zeepbel? Zal zo'n integratie een gunstig verloop hebben? Kunnen deze krachten worden bepaald in culturele zin? Naast fysieke energie mentale aan te boren, naast een ecologie van de natuur er één van de geest te vinden, de economie van het nut voort te zetten in die van het plezier, en je uit de emoties van twijfel, irritatie en angst die je bevangen te midden van ontwikkelingen waarvan de positieve en de negatieve tendenzen onontwarbaar schijnen, ten slotte tot vreugde te verheffen, dat is de onontbeerlijke voorwaarde voor een cultuur die opnieuw met lust en liefde steden schept.

Energie
Wonen en glastuinbouw gebuiken veel energie. Woningen nemen alleen al door hun aantal een kwart van het landelijk energiegebruik voor hun rekening. Glastuinbouw is de meest energie-intensieve bedrijfstak in de agrarische sector. In het nieuwe stadsconcept gebruiken de woningen de overtollige energie van de kassen. Glastuinbouw is dan niet alleen een bron van voedsel maar ook van energie. Voorts wordt energie gewonnen door zonnecollectoren en windmolens, wordt energie opgeslagen in buffers en teruggewonnen door warmtekrachtkoppeling. Ook het indirect energiegebruik wordt minder. Dankzij de nabijheid van voedselaanbod neemt de mobiliteit af. Je verplaatst je te voet of per fiets, auto's worden centraal geparkeerd, overig transport gaat electrisch. De frisse, geurige omgeving is een bron van energie in de zin van woongenot en vrijetijdsbesteding.

Ecologie
Meervoudig grondgebruik, dat de exploitatie van de natuur verenigt met haar genot, gebruikt minder ruimte. De natuur wordt ingeschakeld in producerende zin midden tussen de woningen en in regulerende zin eromheen, daarbuiten blijft ze wildernis. De producerende natuur, in cultuur gebracht door de glastuinbouw, gedraagt zich natuurlijker door biologische bestrijdingsmiddelen en gebruik van opgevangen regenwater. De regulerende natuur, waar het water zich zuivert en afval vergaat, is ook zó te cultiveren dat zij de stad beschut en de bewoners ontspanning biedt. Vitale bron, fundamenteel voor het stadsconcept, is tenslotte de nabijheid van een uitgestrekt natuurgebied.

Economie
Symbiotische economie doet een beroep op de verbeelding en de mentale spankracht van de bewoners en ondernemers die er zich vestigen. Gezamenlijke inspanningen en opofferingen brengen een duurzame produktiecyclus tot stand die consumptiegoederen met hoge waarde levert. De kost gaat voor de baat uit. Investeringen worden lonend gemaakt doordat arbeidsplaatsen en inkomen worden gegenereerd. De baten van dit woon- en werkgebied met dubbel grondgebruik moeten niet alleen worden gemeten in woningen, bedrijven, arbeidsplaatsen, energiegebruik en biologische massa, maar ook in ongrijpbaardere, onmeetbare kwaliteiten zoals schoonheid, karakter en zelfstandigheid.

Emoties
Subjectieve emoties en geen systematische programma's kenmerken dit stadsconcept. Wat de ene verwerpt, verkiest de ander. Wat wij als ontwerpers bedenken, hoeven anderen nog niet fijn te vinden. We beogen door het concretiseren van dromen, het activeren van tradities en het mobiliseren van ervaringen toekomstige tuinders en bewoners aan te spreken; evenzeer op hun uitgesproken behoeften, als op hun onbewuste verlangens. Het stadsconcept laat grote keuzevrijheid. Het biedt de mensen aanleidingen genoeg om zichzelf, de ander en de wereld te beleven en deze ervaring uit te drukken. Als deze stad zijn vruchten afwerpt, lachen de huizen en bloeien de bedrijven. Alles wat bloeien kan, vergaat, maar zal ook terugkeren.

The idea of the city

The ambition at the heart of this design is to integrate Energy, Ecology, Economy and Emotion into a new concept of the city. The four E's have been taken as powers, which bear fruit when combined. Isn't this a fashionable amalgam, ready to burst like a bubble of soap? Will such an integration ever succeed? Can these powers be defined in a cultural sense? Finding mental energy as well as physical, inventing an ecology of nature ànd of the mind, continuing the economy of the useful into the economy of pleasure, and rising cheerfully from the emotions of doubt, irritation and fear, which jump on us in the midst of developments with seemingly inextricable positive and negative tendencies, those are the indispensable conditions of a culture which creates its cities with love and passion.

Energy
Housing and glasshouse-cultivation both take up much energy. Because of their sheer number, houses take up a quarter of the national energy consumption. Glasshouse-cultivation is the most energy-intensive branch of the agricultural sector. In the new city-concept the energy surplus of the glasshouses is used by the houses. This way glasshouse-cultivation is both a source of food and energy. Energy is produced by solar panels and windmills, it is stored in buffers and regained by means of the total-energy principle. Indirect energy consumption will drop as well. Proximity of the food supply reduces mobility. People go on foot or take their bikes, cars are parked in a central parking space, all other transport is electric. The fresh and fragrant environment is a source of energy, in the sense that it is a pleasure to live and relax here.

Ecology
Multiple use of the soil, which combines pleasure and the exploitation of nature, means that less precious space is taken up because it is used so intensively. Nature is used in a productive sense right in between the houses. As a controlling agent it is situated around. Outside, nature remains wilderness. Cultivation of nature will be much more natural because of biological herbicides and the use of rainwater, which is stored. Where nature controls, water purifies itself and waste is mouldering, the site may also be used to shelter the city or offer its citizens some form of leisure. Vital source and essential element in the concept of the city is a large natural area close by.

Economy
Symbiotic economy calls for the imagination and mental strength of the residents and entrepreneurs who decide to settle down in the city. Joint efforts and sacrifices create a sustainable cycle of production, generating high-value consumption goods. Of course investments will have to be made to be able to pick the fruit of one's efforts. The profits of this residential/work area with its dual use of the soil should not only be measured in terms of houses, firms, jobs, energy consumption and biological mass, but also in intangible, immeasurable qualities such as beauty, character and degree of self-sufficiency.

Emotions
It is subjective emotions, not systematic programmes, which characterize this city-concept. Preferences and ideas are personal. Residents may not like what we thought up for them. By making dreams come true, by activating traditions and mobilising experiences, we try to appeal to both the overt needs and the subconscious desires of the future market gardeners and residents. The concept of the city leaves its dwellers many choices. It offers them a thousand and one opportunities to experience themselves, the other and the world and to express this experience. When this city sheds its fruit, the houses will be radiant and the firms will be flourishing. What is dressed in blossom will fade away, but is sure to return another day.

Uit *'Mei, een gedicht'* van Herman Gorter

'Zal ik gaan kijken of ik heb gebracht
Den appelboom bloesem, of de broeimuur
Den moerbei bloedig maakt, d'oude dorsschuur
De wijnrank al omsluiert. Of zal 'k hier
Blijven met water spelen, en plezier
Met vlinders maken die daar in de poort
Van 't weiland dansen. (...)
Zo dacht ze, maar een vlinder nam de keus
Al dansende, vlak voor haar kleine neus
Knippend en wenkend dat het tekenschrift
Der vlerken moeilijk leesbaar werd, gegrift
Stonden daar runen en een duur geheim
Dat men in Indië weet, het staat in rijm
Op Oosters roomkleurig tapijt. Heel wel
Wist zij het ook, althans na een kort spel
Van vingers, die toen wel vlinders leken,
Had ze 'm in 't handje en haar ogen keken
Met aandacht in het rode kooitje, geel
Zat de gevangene en z'n stuifmeel
Op hare toppen. Zij lag op den rug
Een knie boven de andere, en vlug
Lazen haar lippen het. Toen lag ze lang
Den hemel aan te zien, niet blij niet bang.'

From: *'Mei, een gedicht'* (May, a poem) by Herman Gorter

'Shall I take a look and see whether I've added
Blossom to the apple tree, whether the sheltered wall
Makes the mulberry blush, or the vine is veiling
The old threshing barn. Or shall I stay here and play
With water, and rejoice at the butterflies dancing away
Over there in the gate to the fields.(...)
That's what she thought, but a butterfly made the choice for her,
Dancing along, in front of her tiny nose,
Fluttering about, obscuring the signs on its wings,
These runes, precious secret known to the East

The rhyme on the Oriental cream-coloured fabric.
She knew it well too, after a short play of fingers,
Which looked like butterflies then. She took it
In the cup of her hands and peeked into the little red cage
Yellow the prisoner and its pollen on the tips.
She was on her back, one knee
Supporting the other and quickly her lips read.
Then she lay back a long time, staring at the sky,
Neither cheerful nor scared.'

De naam van de stad

Symbiose is actueel, energiebesparing is actueel, natuurlijke hulpbronnen blijken eindig. Onze wooncultuur wenst, bij hoog comfort en verfijnde technologie, tegelijk natuurlijke, ecologisch verantwoorde produkten en een schone en gezonde woonomgeving. Is dat het probleem waarvoor wij een oplossing moeten bedenken? Ecologie is actueel, milieuvriendelijkheid is actueel, het milieu blijkt cyclisch. In de tuinbouw vinden ingrijpende vernieuwingen plaats, die een hoger energie-rendement, minder ruimtegebruik en minder arbeidskrachten ten gevolge hebben, waarbij negatieve milieu-effecten worden teruggedrongen. Kunnen we zo ook de woningbouw ecologisch maken? Als het blijft bij het passief signaleren van actuele tendenzen, raak je besmet door het negatieve waarin ze zijn verwikkeld, terwijl het positieve ervan te kortzichtig is om het nodige overzicht te verschaffen. Uit een andere houding is deze stad geschapen: uit een bezieling die, voorbij de actualiteit ontsprongen, zijn eigen problemen stelt.

Wat zouden nieuwe produktiemethoden in de glastuinbouw te maken hebben met comfortabel en natuurlijk wonen? Vanuit het oogpunt van een schoon milieu zullen beheerstechnieken die de chemische gewasbescherming door rasverbetering en biologische bestrijdingsmethoden sterk reduceren zeker worden toegejuicht. Ook gescheiden inzameling van afval, recycling van grondstoffen, afschaffing van grondontsmettingsmiddelen, gebruik van energiebesparende schermen en toepassing van computergestuurde klimaatbeheersing kunnen de glastuinbouwer tot een goede buur maken. Bovendien is glastuinbouw op kleine schaal mogelijk, als de infrastructuur maar goed is. Een lichte struktuur van paden, rails of banden volstaat. Maar betekent dat reeds een positieve toenadering, of zelfs een vriendelijke omarming? Zou glastuinbouw in schoonheid kunnen wedijveren met weiden, akkers of bollenvelden? Een kassenlandschap verschijnt in tweevoudige gedaante: het exterieur, waarin zich nu eens de luchten spiegelen, dan weer een glimp van een groene wereld laat opvangen; en het interieur, waarin zich die groene wereld ontsluit en laat ervaren in zijn weelderige stemmingen. De moderne kas kan weer net zo gevarieerd van vorm zijn als zijn *fin-de-siècle* voorgangers, maar is nooit meer overmatig heet en vochtig. Maak je buiten de seizoenen mee, in de kas beleef je snellere wisselingen. Heersen buiten weer en wind, binnen is het klimaat constanter. Soms vervangt de klok van het kunstlicht het ritme van dag en nacht. Zo oefent het kassenlandschap een eigen bekoring uit. Het vraagt alleen verbeelding er een stad in te zien, we hebben haar genoemd: *City Fruitful,* of de vruchtbare stad.

The name of the city

Symbiosis is a hot item, energy saving is topical, natural resources prove to be finite. Our culture demands high degrees of comfort and sophisticated technology. But we also want natural, environmentally friendly products and clean and healthy surroundings. Is this the problem we have to solve? Ecology is a topical subject, and so is environmental safety, the environment is in fact cyclical. In market gardening drastic modernisations occcur, resulting in a better use of energy, less use of space and a decrease in the number of employees. Negative effects on the environment are being reduced in the process. Can these methods be used for 'ecologising' residential areas as well? If we don't grow beyond the passive recognition of topical tendencies, we will be tainted with the negative aspects they're entangled in, while the positive sides bear witness of too much myopia to provide the essential overall view. This city is created from a different attitude: from an inspiration beyond the topical, which poses its own problems.

What might new methods of production in glasshouse-cultivation have in common with comfortable and natural living? Ecologically speaking control techniques such as eugenics and biological herbicides which strongly reduce the chemical protection of crops, will be more than welcome. The sorting of waste disposal, the recycling of raw materials, the abolition of soil disinfectants, the use of energy-saving screens and computerized climate control may turn the glasshouse market gardener into a decent neighbour. Besides - infrastructure permitting - glasshouse-cultivation is also possible on a small scale. A light structure of paths, rails, or belts is enough. But does this warrant a positive advance or even a friendly embrace? Is it possible for the glasshouse landscape to compete with the beauty of the countryside? The glasshouse landscape has two faces; there is the exterior, which reflects the skies and sometimes shows us a glimpse of a green world. And there is the interior, where the green world can be enjoyed to the full, in all its exuberant moods. The modern glasshouse may be as varied as its *fin-de-siècle* forerunners. It never is extremely hot and humid. Outside there are the seasons, but in the glasshouse changes are much more sudden. Outside storms may rage, inside tranquillity reigns. Sometimes the rhythm of day and night is replaced by the clock of artificial light. The glasshouse landscape may charm the imaginative person. We created a city to match and called it the *City Fruitful.*

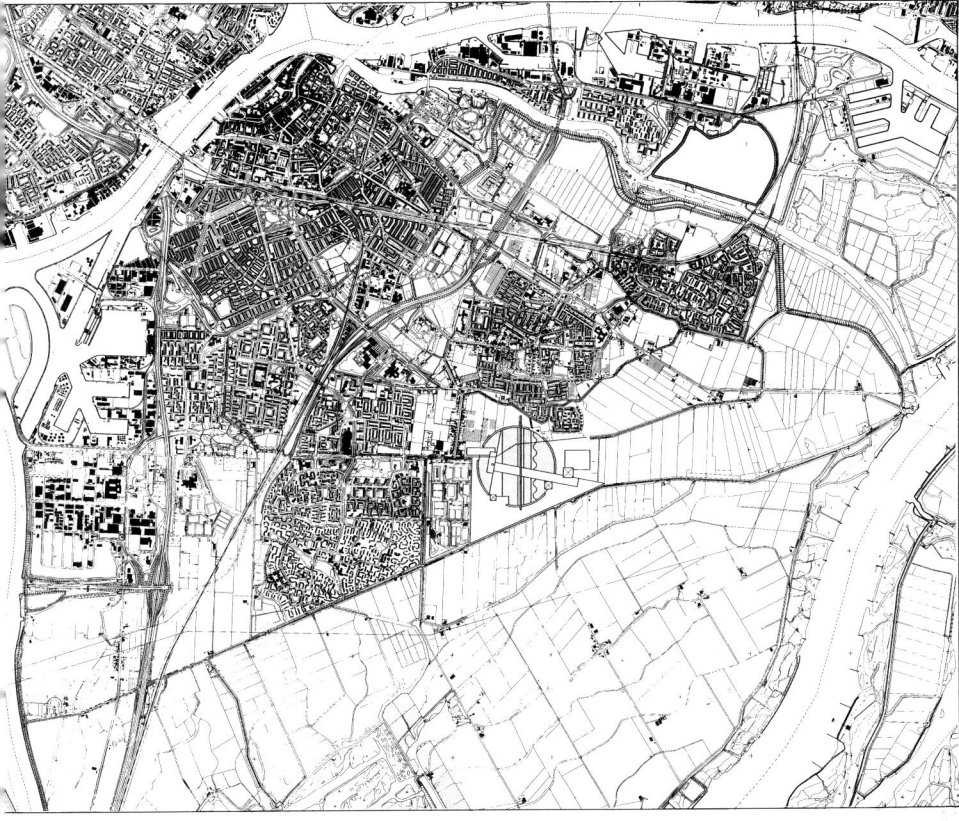

The place of the city

De plaats van de stad

Om de stad met haar symbiose van glastuinbouw en woningbouw zo concreet mogelijk uit te werken is een lokatie gekozen. Dordrecht, dat van oudsher de zuidflank van de grote rivierendelta bewaakt, en in de nieuwe structuurvisie wordt opgevat als een archipel van duizend eilanden, biedt een prachtig terrein. In oneindig laagland, halverwege de krachtige symbolen van stad en natuur - het aan de brede, trage stroom oprijzende front van de oude stad enerzijds, de grillige, wuivend omkraagde kreken in de Biesbosch anderzijds - bevindt zich het aangewezen gebied, aan de voet van de Wieldrechtse Zeedijk.
Het nieuwe 'eiland' in de Dordtse archipel krijgt de gestalte van een vesting in het landschap. Een cirkel omschrijft de stad, mathematisch en helder als een oasetuin in de woestijn. Bijna universeel van vorm, laat het ontwerp zich onder gewijzigde omstandigheden in aangepaste vorm ook elders toepassen.
De plaats van de stad moet niet alleen een geografisch feit, maar ook een historisch feit zijn. Hoe plaatst de stad zich in haar tijd, te midden van de onverschilligheden van de laat-liberale maatschappij, de vrijblijvendheden van de post-ideologische cultuur, en de afschrijvingen van de laat-kapitalistische economie? Maakt de telematica niet elke plaatskeuze wezenloos? Of animeren haar virtuele beelden juist weer onze geest? Voor een ideale stad nog een plek te willen kiezen is beslist een waagstuk. Alleen poëtische kracht weet zich de vereiste speelruimte te verschaffen.

To bring to life the City Fruitful with its symbiosis of glasshouse gardening and residential areas, a site was chosen. Dordrecht, which has guarded the southern side of the large Rhine delta from times immemorial, this archipelago of the thousand islands of the new master plan, proved to offer a splendid site. In the infinite lowlands, at the bottom of the Wieldrechtse Zeedijk, halfway between the powerful symbols of city and nature - the front of the old city rising from the wide, slow stream on one side and the irregular creeks of the Biesbosch with their wavy fringes of reed on the other - the perfect place was found.
The new 'island' in the Dordrecht archipelago is shaped like a fortress in the landscape. A circle circumscribes the city, mathematically and in a clear-cut way, like an oasis in the desert. Almost universal in shape, the design may be adopted elsewhere, changing circumstances dictating the alterations.
The place of the city must be a geographical and an historical fact as well. What is the stance it takes in its time, surrounded by the indifferences of late-liberal society, the noncommittal attitudes of post-ideological culture and the depreciations of late-capitalist economy? Is not telematics taking the sense out of any choice of place? Or do its virtual images exercise a new spiritual appeal? To choose a place for an ideal city at all is decidedly a venture. Poetical power is the only source from which to create the indispensable scope.

Urban Structure

Stedebouwkundige structuur

De vruchtbare stad wordt omringd door de Stadswal, die binnendijks een straal van 365 meter heeft. Op vier plaatsen wordt hij onderbroken om de buitenwereld binnen te halen of elders de stad een beetje uit te laten steken. Het omheinde gebied is niet hermetisch gesloten maar schuift open, het vertoont geen concentrische orde en de verdeling ervan is niet radiaal. Om te tonen dat de zelfvoorzienendheid maar relatief is, bevindt zich het centrum excentrisch, dicht bij de toegang tot het gebied vanuit de naburige wijken. Om uitdrukking te geven aan de nevenschikking van de beide hoofdfuncties is een geleding in evenwijdige zones gemaakt. Om een niet-hiërarchische orde aan te brengen, is er tenslotte een beetje scheef op de parallelle zones een brede baan getrokken, die als een groene loper door de stad rolt.

De ontworpen structuur dient de intensieve verweving van kassen en huizen, maar laat daartussen ook leegten. Het bebouwde oppervlak beslaat circa 56 hectare. Er zijn 1700 woningen, waarvan 80% in laagbouw, en er is circa 24 hectare glasteelt en ruim 5 hectare buitenteelt. Drie zones zijn dicht bebouwd, drie andere zijn er open. De ontsluiting vindt plaats via de Singel. Aan de westkant gaat hij door naar het NS-station Dordrecht-Zuid, dat op 3 km afstand ligt, evenals de aansluiting op de snelweg; aan de oostkant komt hij uit bij de Wieldrechtse Zeedijk. Langs de Singel liggen geklimatiseerde bushaltes, 400 meter verwijderd van de verst gelegen woningen. Een drietal wegen takt af, doorlopend tot de ringweg aan de binnenzijde van de Stadswal. Dit stelsel, waarvan ook de oude Zuidendijk deel uitmaakt, vertakt zich weer in een fijnmazig net van wegen en paden dat gedeeltelijk door de kassen heen loopt.

Om een hogere dichtheid te kunnen bereiken en te besparen op plaveisel, is de stad autovrij. Je laat de auto bij de hoofdtoegang, vlakbij het centrum met de markt, de winkels, scholen en een informatiecentrum. Vandaar wandel of fiets je naar huis. Je kunt kiezen tussen overdekte paden of fleurige routes door de openlucht. Overig transport geschiedt door elektrische, met sensoren uitgeruste, cybernetische wagentjes, ontwikkeld ten behoeve van de glastuinbouw, die natuurlijk ook bij verhuizingen, bezorgingen en dergelijke door de bewoners zijn te gebruiken. De bonte entourage en de weelderige beschutting maken het gemis van de auto meer dan goed.

The new glasshouse city is surrounded by the City Wall, which has a radius of 365 metres inside the wall. There are four breaks in the wall, to bring in the outside world or to make the city stick out its fingers. The enclosed area is not sealed off hermetically but slides open. There is no concentrical order, no radial distribution. To show that self-sufficiency is only relative, the centre is in eccentric position, close to the access from neighbouring districts. To express the juxtaposition of both main functions the area has been divided into parallel zones. To establish a non-hierarchical order a wide band has been introduced, at a slight angle to the parallel zones, rolling through the city like a green carpet.

The urban structure aims for the intensive combination of glasshouses and homes, but leaves some open spaces in between. The built surface covers about 560,000 square metres. There are 1700 houses, of which 80% low-rise, about 240,000 square metres of glasshouse and over 50,000 square metres of non-covered cultivation. Three zones are very densely built, three other zones are open. Access is obtained through the Singel, the main approach. To the west it runs along till it meets the Railway Station of Dordrecht-Zuid, approximately 3 kilometres further down, about the same distance as the access to the motorway. To the east it ends in the Wieldrechtse Zeedijk. Along the Singel are climatized bus shelters, never more than 400 metres from the most distant house. Three roads fork off, ending in the ring road on the inside of the City Wall. This system, of which the old Zuidendijk is part as well, is then split up into a fine-meshed network of roads and paths partially running through the glasshouses.

To establish a greater density and to save on pavement the city is out of bounds for cars. You just leave your car near the main entrance near the city centre with its market, shops, schools and information centre. From the centre you can walk home or go by bike. You may choose between covered paths and colourful open-air routes. For all other transport little electric cybernetic cars with sensors are used. They were specially made for glasshouse-cultivation activities, but can also be used by the residents for removals, deliveries and the like. The beautiful scenery with its many colours and the luxuriant shelter more than make up for the fact that you can't use your car.

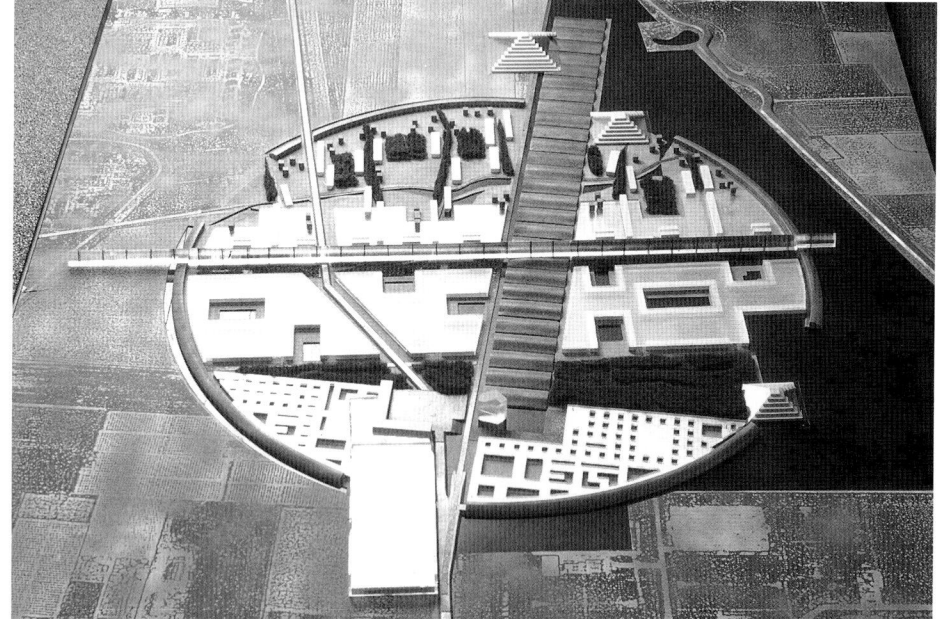

Legenda

1. Zomerplein. Winterplein en Glaspaviljoen
2. Parkeerkas
3. Dubbele bodem
4. Boomgaard
5. Zonnehoven
6. Glasveld
7. Kristaltuinen
8. Stadswal
9. Golvend Veld
10. Doorzonberg en Bloemvulkaan
11. Grote Haag
12. Rietplas
13. Waterkasteel

Legend

1. **Summer Square, Winter Square and Glass Pavilion**
2. **Parking Glasshouse**
3. **Double Bottom**
4. **Orchard**
5. **Sun Gardens**
6. **Glass Field**
7. **Crystal Garden**
8. **City Wall**
9. **Rolling Field**
10. **Translucent Mountain and Floral Volcanoes**
11. **Giant Hedge**
12. **Reed Lake**
13. **Water Castle**

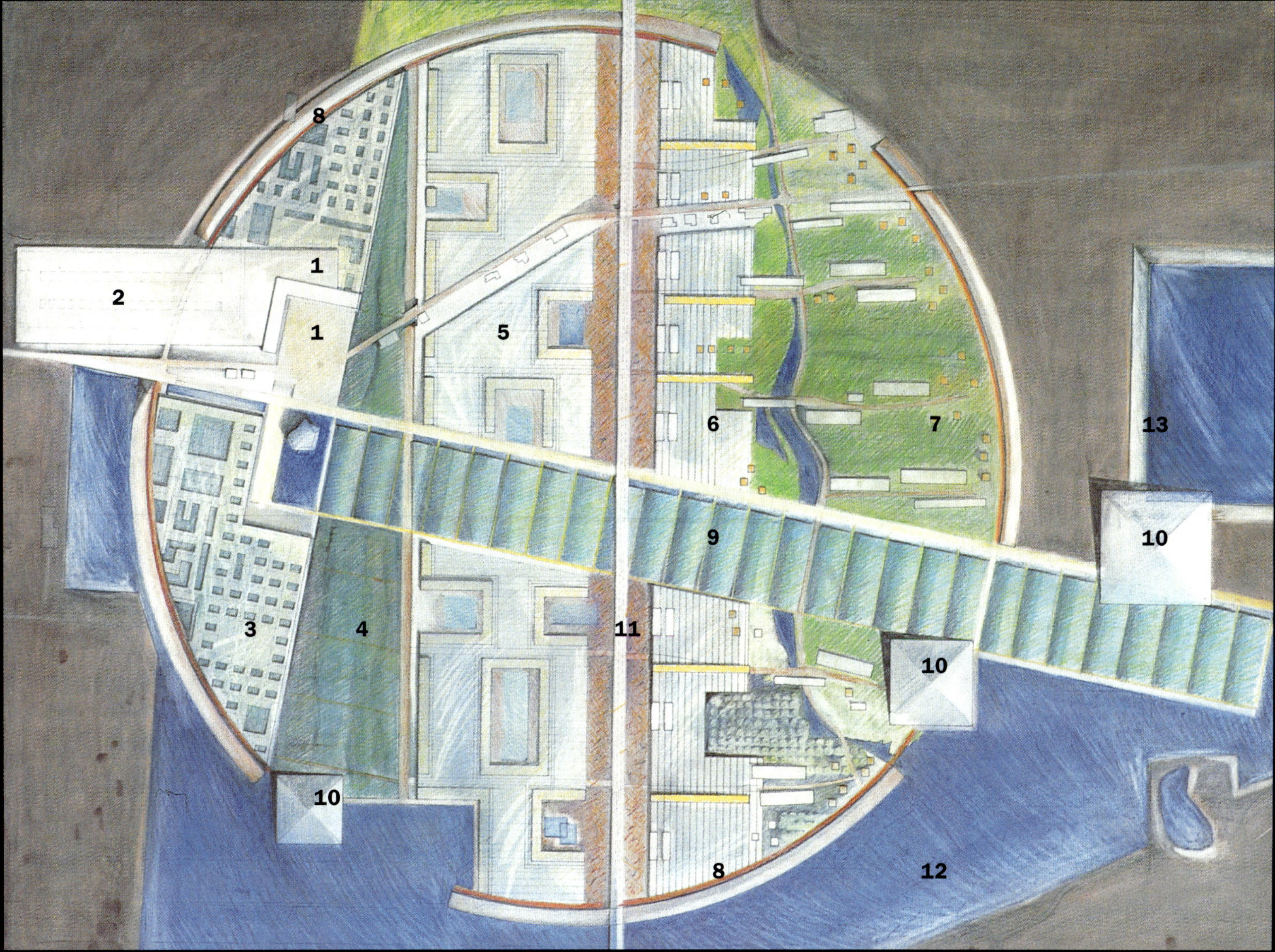

Bouwkundige elementen

Architectural elements

Aan de economische, ecologische en energetische symbiose van glastuinbouw en woningbouw een emotionele meerwaarde te geven vraagt om een fijne neus voor zintuiglijke effecten. Ogen, oren, neus, tastzin en zelfs de tong moeten gestreeld worden. De strategie van dubbel grondgebruik zal niet alleen een slim economisch-ecologisch energiekoppel vormen maar ook de belevingswaarde verhogen. In die opzet zijn een reeks bouwkundige elementen geschapen, waarbij de eindeloze variatie in vormen en sferen van

Adding an emotional surplus value to the economic, ecological and energetic symbiosis of glasshouse cultivation and residential area implies a sensitive eye to sensory effects. Eyes, ears, nose, fingers and even the tongue must be pleased. The strategy of dual use of the soil not only constitutes a smart economic-ecological energy duo, it also adds to the aesthetic experience. From this concept a number of architectural elements were born, which exploit the endless variation of forms and atmospheres of glasshouse-cultivation

1. Zomerplein, Winterplein en Glaspaviljoen

Achter de hoofdpoort in de Stadswal die de vruchtbare stad omringt ligt het forum, plaats voor uitwisseling van produkten en ideeën, ontmoeting van mensen en wegen. Het zomerplein, opgehoogd tot dijkniveau, is aan de noordwestkant omringd door een arcade met winkels, scholen, kantoren en een telematica-centrum. Daarboven liggen flats. Aan de zuidkant staat in een vijver het Glaspaviljoen te schitteren, het informatie- en researchcentrum. Op het zomerplein wordt markt gehouden. Het is er gezellig druk, 't ruikt er zoet en kruidig. Achter de arcade daal je af in een hoog, kristallen paleis, waar je het hele jaar door passievrucht, citroen, vijg, dadel, papaya en banaan kunt proeven onder een palmengewelf. Het is het winterplein. 's Morgens is er veiling en 's avonds soms een feest.

Het zomerplein is een soort balkon. De Singel trekt de blik, over alle bruggetjes die naar het Golvend Veld toegaan, helemaal tot de andere kant van de Stadswal, waar, wanneer de avond valt, twee smaragden piramides, de Bloemvulkanen, in oranje, rode, dan paarse weerschijn doven om tenslotte in ontelbare lichtjes weer op te vlammen. Twee andere perspectieven oriënteren de bezoeker: één over de oude Zuidendijk, die, nog met enkele tussen de wilgen verscholen oude boerderijtjes, de Zonnehoven en de Grote Haag doorsnijdt; en één door de Boomgaard die zich achter het Glaspaviljoen naar het Zuiden opent, waar de derde piramide die de vruchtbare stad rijk is, de Doorzonberg, 's middags als een luchtspiegeling trilt.

2. Parkeerkas

Wie per auto de stad binnenkomt wordt geleid naar een lang gebouw met drie verdiepingen, waar 1400 auto's kunnen staan (er is 0,8 plaats per woning beschikbaar). Ruime vides zijn doorschoten door plantenkassen, die er ook de gevel van vormen. De opkweek van planten verlevendigt het interieur, s'avonds gaat de groeibelichting aan. Deze verlichting, speciaal afgesteld op de plantengroei en weinig stroom verbruikend, zal ook de mensen op hun gemak stellen.

3. Dubbele Bodem

Door bovenop een mozaïek van atriumwoningen een glasdak te vouwen wordt dubbel grondgebruik gerealiseerd. De atria perforeren het glasdak. In de opgetilde kassen loop je op het dak van de woningen bloeiende cactussen te bewonderen. Van enkele cactussen zijn het blad en soms de cactusvijg eetbaar. Cactusteelt is rendabel op kleine oppervlakten. De woestijnsfeer maakt elders plaats voor de sappige entourage waarin Surinaamse groenten gedijen.

4. Boomgaard

In een wig die uit de omgeving diep in de vruchtbare stad dringt groeien fruitbomen, waar men in de lente onder de bloesem picknickt en 's zomers het blozend ooft aan de vogels betwist. Het zomerplein grenst direct aan deze boomgaard, die bezoekers en bewoners verleidt.

5. Zonnehoven

In een zee van glazen daken zijn ruime hoven uitgespaard waar woningen uitkijken op glinsterende vijvers. Nectarines, perziken en druiven rijpen tegen de glazen dakenzee, tooien ze met bloesem of spreiden er hun grillig takkenspel, afhankelijk van het seizoen. Na de bladval kan men er op de bodem wintertulpen zien, en in het voorjaar raapsteel en sla. Verder groeien er tomaat, komkommer, aubergine, paprika, meloen - in de gekste vormen en kleuren. Voor de plaatselijke markt worden er incourante bladgroenten geteeld, of exotische chrysanten, die vanwege hun gevoeligheid voor transport niet commercieel worden geteeld. Soms vullen zoete geuren van rozen en fresia's de Zonnehoven. Hier ontrolt zich een weide met rode en groene sla, daar heerst een tropische sfeer met indiase bonen, sopropos, lufa, kouseband en ginds is er cellenteelt, geheimzinnige bakken met toegevoegde lichtbronnen, die zorgen voor opkweek van plantmateriaal en selectie van nieuwe gewassen. De Zonnehoven vormen een ware proeftuin.

1. Summer Square, Winter Square and Glass Pavilion

Behind the main gate in the City Wall circling the City Fruitful is the forum, the place for exchanging products and ideas, meeting place of people and roads. The Summer Square, raised to the level of the wall, is surrounded in the north-west by an arcade with shops, schools, offices and a telematics-centre. On top of them are flats. To the south, in the middle of a pond, is the sparkle and glitter of the Glass Pavilion, the information and research centre. The Summer Square is always full of life and smelling sweet and spicy. At the back of the arcade you descend into a tall, crystal palace. Here you can taste passion fruit, lemons, figs, dates, papayas and bananas under a palmtree vault. It is the Winter Square, which has its vegetable auction in the morning and an occasional party at night.

The Summer Square is a sort of balcony. The eye is drawn by the Singel, across the little bridges leading to the Rolling Field, all the way to the other side of the City Wall, where at sunset two emerald Floral Volcanoes die out in an orange, red and purple glow to flare up again in innumerable little lights. Two other panoramas might charm the visitor: one across the old Zuidendijk, still hiding some old farms between its willow trees and intersecting the Sun Gardens and the Giant Hedge, and one through the Orchard, behind the Glass Pavilion, opening up to the south, to the third pyramid of the City Fruitful, Translucent Mountain, which quivers in the air all afternoon like a fata morgana.

2. Parking Glasshouse

Upon entering the city by car one is led to a long three-storey building, which may accomodate 1400 cars (0.8 parking space per home). Spacious landings are pierced by glasshouses full of plants while similar glasshouses constitute the building's facade. The cultivation of plants adds a lively touch to the interior, at night the germinating lights are lit. This light, specially adjusted to the cultivation of plants and using up very little energy, will also make parkers feel more at home.

3. Double Bottom

By folding a glass roof on top of a mosaic of patio houses, the soil is in fact used twice. The patios perforate the glass roof. The elevated glasshouses allow you to walk on top of the roofs and admire the flowering cactuses. Some cactuses have edible leaves and some have tasty figs. The cultivation of cactuses is profitable in small areas. In a different part of the complex the desert atmosphere is alternated with the juicy entourage of Surinam vegetables.

4. Orchard

Where the countryside has driven a deep wedge into the City Fruitful, fruit trees are growing. In spring people picnic under the blossoms and in summer they steal away the blushing fruit from the birds. The Summer Square borders this orchard, seducing visitors and residents alike.

5. Sun Gardens

In a sea of glass roofs spacious gardens have been left open, to give residents a view of glittering ponds. Nectarines, peaches and grapes ripen against the glass-roof sea, adorn it with their blossoms or spread their fanciful structure of branches, depending on the season. When the leaves have fallen to the ground one can see winter tulips, and turnip greens and lettuce in spring. There are also tomatoes, cucumbers, egg plants, peppers and melons in the most extravagant colours and shapes. Uncommon greens are grown for the local market, as well as exotic chrysanthemums, which can not be grown commercially because they get easily damaged in transit. Sometimes the Sun Gardens are filled with the sweet smells of roses and freesias. Here our eye is caught by a meadow of red and green lettuce. There we find a tropical atmosphere with Indian beans, sopropos, lufa and cow-peas. Beyond we find cell-cultivation, these mysterious boxes with added light sources, which ensure the growing of plants and the selection of new crops. The Sun Gardens truly welcome the experiment.

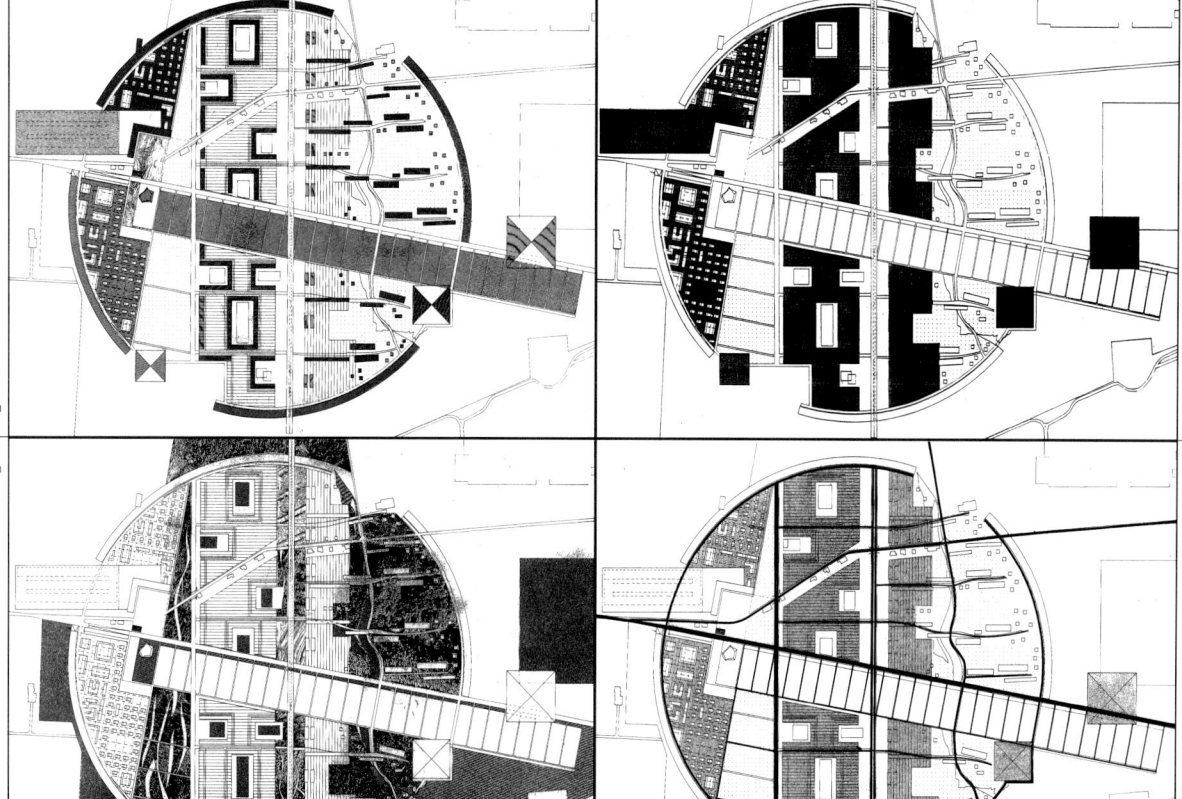

| Houses | Woningen | | Glastuinbouw | Glasshouse market gardening |
| Water and green areas | Water en groen | | Ontsluitingsstructuur | Routes giving access to the City |

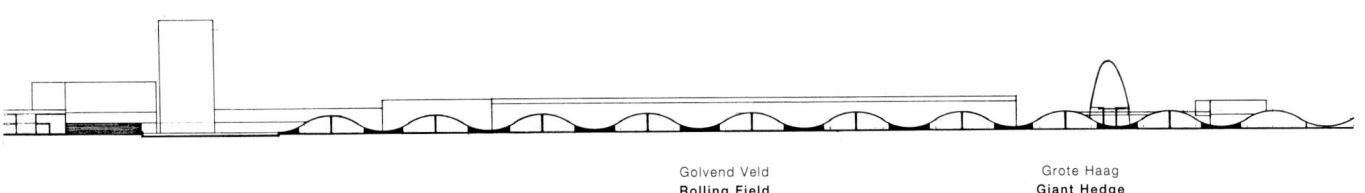

Golvend Veld
Rolling Field

Grote Haag
Giant Hedge

Rietplas
Reed Lake

Stadswal
City Wall

Dubbele Bodem
Double Bottom

Zonnehoven
Sun Gardens

Grote Haag
Giant Hedge

Glasveld
Glass Field

6. Glasveld

Ook hier een glazen zee, maar nu hangen de woningen er bóven. Op het maaiveld bevinden zich de wintertuinen van de woningen en hun toegangspaden. Daarnaast is er de professionele gewasteelt: radijs, rettich, bospeen, venkel, gewassen die twee tot drie, de radijs zelfs tien keer per jaar kunnen worden geoogst. Er zijn ook paprika's; eind december geplant worden ze eind februari groen geoogst, of een paar weken later rood. Geurige tomaten voegen hun kleur toe, verderop laten komkommers een ander beeld zien. En er zijn proefvelden van nieuwe of exotische groenten en vruchten zoals pepino, goudbes, passievrucht, papaya. Wie door het Glasveld fietst geniet een weids en wisselend gezicht. De bewoners van de bovenhuizen vangen er, tussen de luchtspiegelingen, soms een glimp van op.

7. Kristaltuinen

Het opmerkelijk villapark telt drie typen met glas omwikkelde woningen, die, vrijstaand of in een rij, staan te schitteren tussen wilgen, populieren en moestuinen. In de vrijstaande huizen koesteren de meeste bewoners zelf hun kunstmatige paradijzen, terwijl de rijhuizen hun glaskap, met flora getooid, aan professionele tuinders uitbesteden.

8. Stadswal

De wal die de vruchtbare stad omringt is aan de buitenkant een dijk, aan de binnenkant een muur. De woningen zitten binnen in dit lichaam, met hun voordeur aan de binnenring. Waar deze zich tegen het zuidoosten kromt is de muur geschikt voor muurkassen met perziken, elders groeit er leipeer tegen, en, naarmate de schaduw toeneemt, ook kamperfoelie, clematis, hop, wingerd en klimop waar vogels in nestelen. Bovenaan is het dijklichaam als een kazemat geperforeerd door binnenplaatsen, het hart van de woningen. Hier en daar steken er kamers als kantelen boven uit, dromerig kijkend in de verte.

9. Golvend veld

Onderaardse patiohuizen houden zich schuil onder de tuinen van de overburen, die ze op hun dak dragen. In het golvend veld vallen steeds gaten voor de patio's, afgezet met hagen die ze van een afstand aan het oog onttrekken. Als een loper die wordt uitgerold golft de aarde door de vruchtbare stad. Dankzij een grond en water vasthoudende laag kan er gras en van alles op groeien.

10. Doorzonberg en Bloemvulkaan

Piramides opgebouwd uit terrasflats en glasvlakken herbergen een wintertuin met eetbare bloemen, chrysanten en violen, borageruiden, en dieper, in het schemerdonker, champignons. De Doorzonberg heeft de terrassen aan de buitenkant op de oost- en westflank, met transparante vlakken aan de andere kanten. Bij een Bloemvulkaan zitten de terrasflats aan vier kanten, geheel binnen een glazen huid. Boven de terrassen hangen in weelderig lommer tropische vruchten, een lauwe bries waait naar boven. Op de top bevindt zich een exotisch restaurant.

6. Glass Field

This is another sea of glass, but here the houses are situated above the glasshouses. At ground level we find the winter gardens of the houses and the paths which give access to them. Then there is the professional cultivation of crops: radish, rettich, bunched carrots, fennel, crops which may be harvested two to three times a year (radish even up to ten times). There are peppers, which are planted in late December to be harvested as green peppers in February and as red ones a few weeks later. Fragrant tomatoes add their colours and further on cucumbers show quite a different picture. There are experimental fields of new or exotic vegetables and fruits like pepino, goldberry, passion fruit and papaya. Travelling on your bike through the Glass Field you may be enchanted by wonderful and varied vistas. The occupants of the houses on top of the Glass Field, may catch a glimpse or two of them in between the reflections of the sky.

7. Crystal Gardens

In this remarkable villa estate there are three types of glass-wrapped residences, detached or terraced, which glitter between willow trees, poplars and vegetable gardens. In the detached ones most residents attend to their artificial paradises themselves, while the terraced villas put out their flora-dressed glass hoods to the professional gardener.

8. City Wall

The wall which circles the City Fruitful is a grass slope on the outside and a stone wall on the inside. The houses are within, their front doors facing the inner ring. The southeast curve of the wall provides the shelter for the glasshouse-cultivation of peaches. Other parts of the wall are covered with trellis pear and the more shady parts are clad with honeysuckle, clematis, hop, vine and ivy, and may hide birds' nests. On top the wall has been perforated, like a bunker, by courtyards, the hearts of the houses. An occasional room rises from the wall, like the battlement of a castle, dreamily staring into the distance.

9. Rolling Field

Subterranean patio houses hide under their neighbours' gardens which they carry on their roofs. In the quilt of the rolling field there are patches for the patios, bordered by hedges, which make them invisible from a distance. Like a carpet being unrolled the earth waves its way through the City Fruitful. Grass and all kinds of plants may grow here thanks to a special water- and soil-retaining layer.

10. Translucent Mountain and Floral Volcanoes

Pyramids consisting of terraced flats and glass planes harbour a winter garden with edible flowers, chrysanthemums and violets, borage herbs, and more to the heart of the pyramid, mushrooms. Translucent Mountain has its terraces on the outside, on the east and west, while transparent planes cover the other sides. The Floral Volcanoes have their terraced flats all around, nicely tucked up inside a glass skin. Over the terraces, in exuberant foliage, tropical fruits are dangling, a warmish breeze blowing up. On top of the pyramid an exotic restaurant is perched.

11. Giant Hedge

Under a tall parabolic glass hood, on different levels, tropical vegetables, tomatoes, potplants-in-the making, strawberries and edible chrysanthemums are grown. Conveyor belts carry out the full life-cycle, from sowing the seeds to harvesting. Below the hedge is a canal with paths on both sides. In wintertime, when some parts bathe in the germination light, the giant hedge seems to move from North to South like a huge glow worm. On both sides of the hedge some horticultural products of the season are grown: strawberries and berries, leek, celery, cabbage, Brussels sprouts and lettuce, embedded in baroque parterres, geometrical borders with nicely trimmed hedges of boxtree.

11. Grote Haag

Onder een hoge parabolische glazen kap groeien in verdiepingen boven elkaar tropische groenten, tomaten, potplanten in opkweek, aardbeien, eetbare chrysanten. Transportbanden volvoeren de cyclus van zaai tot oogst. Onder de haag loopt een kanaal met paden aan weerskanten. In de winter plaatselijk oplichtend door groeibelichting, trekt de grote haag als een reuzen glimwurm van Noord naar Zuid. Aan weerskanten groeit zacht fruit en seizoengroente: aardbeiden en bessen, prei, selderie, kool, spruitjes en sla, ingebed in het barokke schrift van parterres met geschoren buxusheggetjes.

12. Rietplas

Buiten de ring van de vruchtbare stad ligt tegen de Wieldrechtse Zeedijk een plassengebied, onmisbare schakel in de waterkringloop. Het riet houdt epifyten vast die voor natuurlijke zuivering zorgen. Spiegelend in de zon, ruisend in de regen of wuivend in de wind, vormt de rietplas bovendien een mooi wandelgebied.

13. Groeikast

In het idee op allerlei schalen voedsel te telen, commercieel of niet, past een mobiel element waarin de consument met behulp van groeibelichting zaad kan opkweken tot klein gewas. Net als de koelkast hoort de groeikast in de keuken.

12. Reed lake
Outside the ring of the City Fruitful, at the foot of the Wieldrechtse Zeedijk, is an area of lakes, an indispensable link in the water recycling system. The reed hosts the epiphytes which take care of the natural purification of the water. Reflecting the sunlight, rustling in the rain or waving in the wind, the reed lake also makes a nice place for taking a walk.

13. Germinator
Fitting in well with the idea of growing food on all sorts of levels, whether commercially or not, is a mobile element. With its germinating light system it can be used by the consumer for growing small crops from seeds. Like the refrigerator this germinator is part of the kitchen furniture.

Materialisations

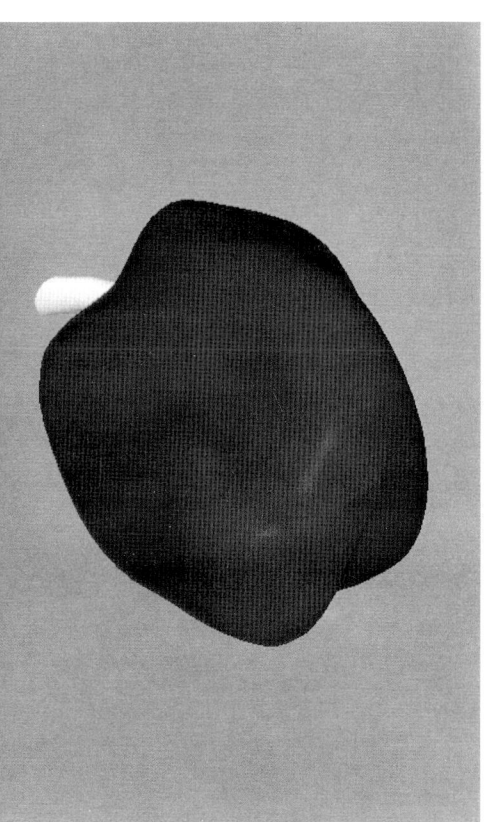

Materialiseringen	
Glaspaviljoen	**Glass Pavilion**
Dubbele Bodem	**Double Bottom**
Zonnehoven	**Sun Gardens**
Grote Haag	**Giant Hedge**
Glasveld	**Glass Field**
Kruistaltuinen: Spiegelhuis, Kasco, Glaswikkel	**Crystal Gardens: Reflex Home, Heron's Nest, Glass Wrapper**
Doorzonberg en Bloemvulkaan	**Translucent Mountain and Floral Volcano**
Golvend Veld	**Rolling Field**
Stadswal	**City Wall**

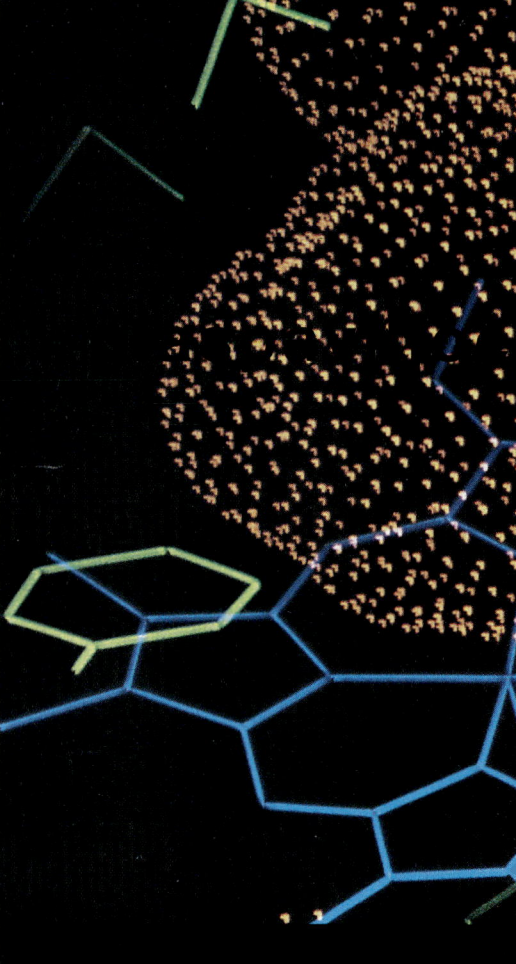

Glaspaviljoen Glass Pavilion

glaspaviljoen

In het paviljoen wordt informatie verschaft over de nieuwe tuinstad. De begane grond biedt plaats aan exposities, de verdieping aan onderzoek en administratie.

Het glaspaviljoen weerspiegelt in de scherpe facetten van zijn kristalvorm de aarde waarop het rust en de lucht waartegen het afsteekt. Zijn kantelende vlakken en scheve lijnen brengen het oog in een dansende beweging. Door de wisselende oriëntaties zijn de glasvlakken aan sterk verschillende weerscondities onderhevig. Een reeks filtertechnieken is in staat de zon volledig te weren. Warmtestraling werend doek vormt, ontrold door elektromotoren die via sensoren worden gestuurd, een gedecentraliseerde klimaatinstallatie. Extra isolerend glas houdt het energieverlies laag. Energiewinst wordt geboekt door zonnewarmte te vangen. Een speciaal filter vormen de gewassen, die zonlicht opnemen en zuurstof afgeven. De werking van deze *florafilters* wordt in het paviljoen getest, een proefstation voor gedifferentieerde klimaatbeheersing.

Wisselt aan de buitenkant transparantie met opaciteit, binnen wordt een spanning tussen massa en leegte gecreëerd. Het interieur is licht en open, maar heeft een zware, dikke vloer, die temperatuurschommelingen tempert. De vloer rust op aparte kolommen binnen de glazen facetten, die op hun beurt zichzelf dragen met behulp van lichte gevelkolommen. Zo beweegt het publiek door een vloeiende ruimte, waarin een massieve kern zweeft die tot centrum een vide heeft. Het glaspaviljoen krijgt de plastische werking waarom het vraagt door zijn plaats in de vijver bij het zomerplein, magisch centrum van de vruchtbare stad. Luchtig én compact, viervoudige synthese tussen aarde en zon, water en lucht, geeft het een beurtelings statisch en dynamisch, trots en vrolijk gevoel.

glass pavilion

In the pavilion information is given about the City Fruitful and its symbiosis of the four E's. The ground floor is the exhibition space, the first floor is taken up by Research and Administration.

In the sharp facets of its crystal shape the glass pavilion reflects the earth it rests on and the sky it is set against. Its tilting planes and slanted lines make the eye dance. Because of the different angles the glass planes are subject to very diverse weather conditions. A whole range of filter techniques helps block the sun. The screen which keeps out heat radiation and which is pulled up or down by sensor-controlled electric motors is a decentralized air-conditioner. Highly insulated glass keeps energy losses low. Energy is won by collecting solar heat. A special kind of filter are the crops which absorb sunlight and give off oxygen. The working of these *florafilters* is tested in the pavilion, an experimental centre for differentiated climate control.

While on the outside transparency alternates with opacity, on the inside a tension is created between volume and emptiness. The interior is light and open, but has a very heavy, solid floor, which absorbs the fluctuations in temperature. The floor rests on separate columns inside the glass facets, which in their turn support themselves by means of light facade columns. The public moves through a fluent space, with a massive core which has an open landing for its centre. To fully appreciate its plasticity one should be able to move about the pavilion. This is possible by its location in the pond near the summer and winter squares, the magical centre of the City Fruitful. Airy and dense, a fourfold synthesis between earth and sun, water and air, it alternately makes a static and dynamic, a proud and cheerful statement.

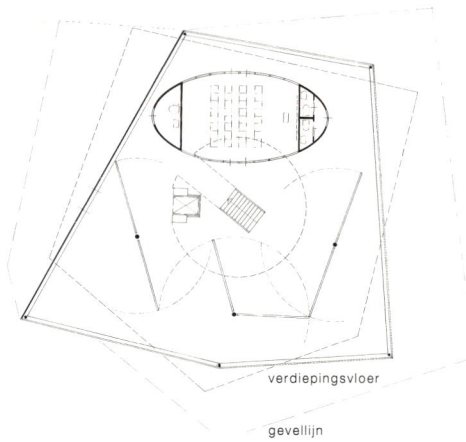

verdiepingsvloer

gevellijn

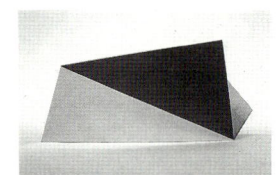
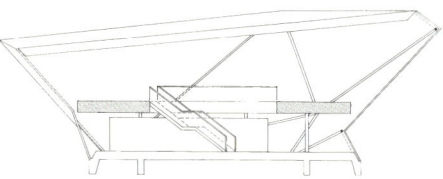

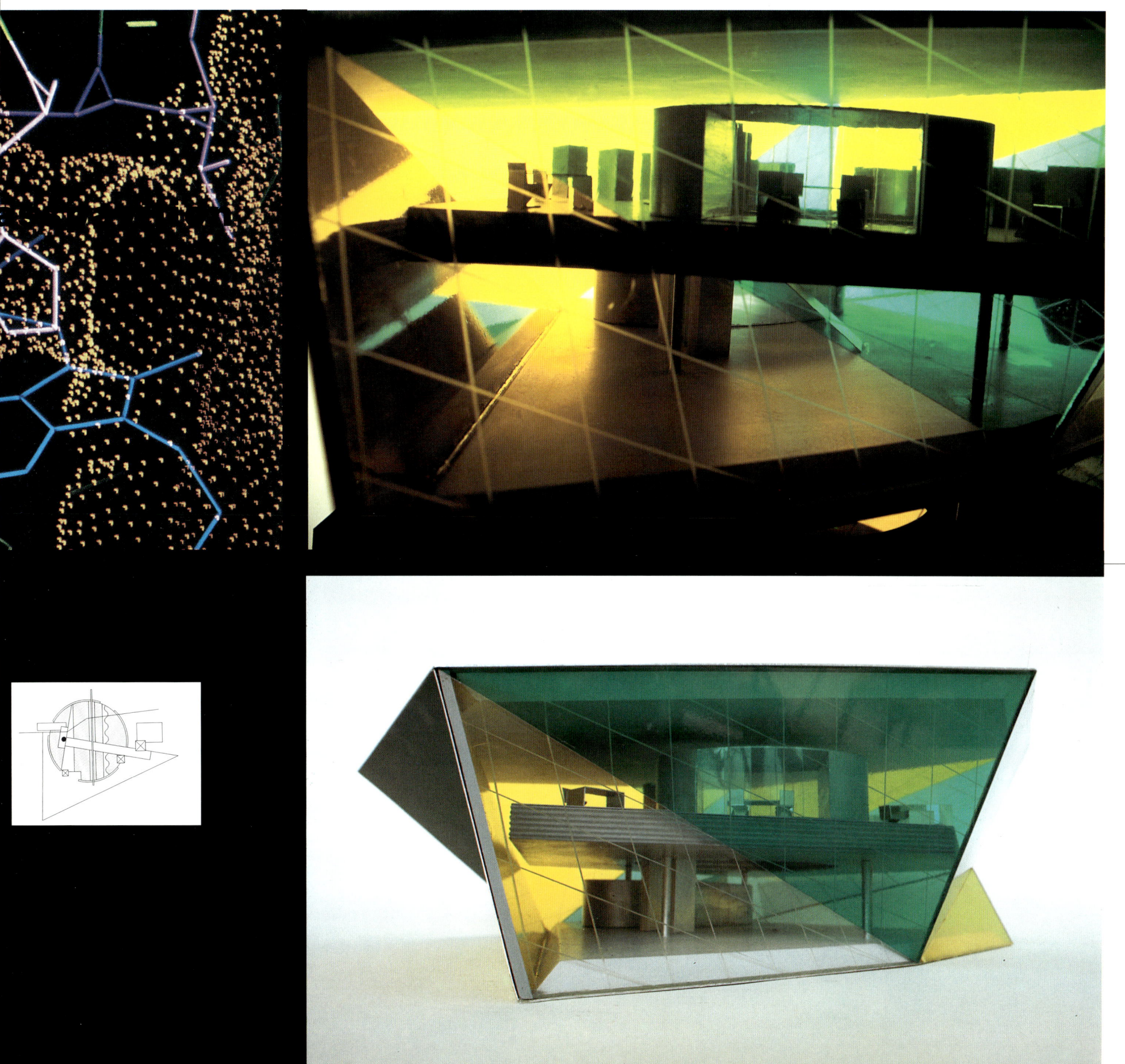

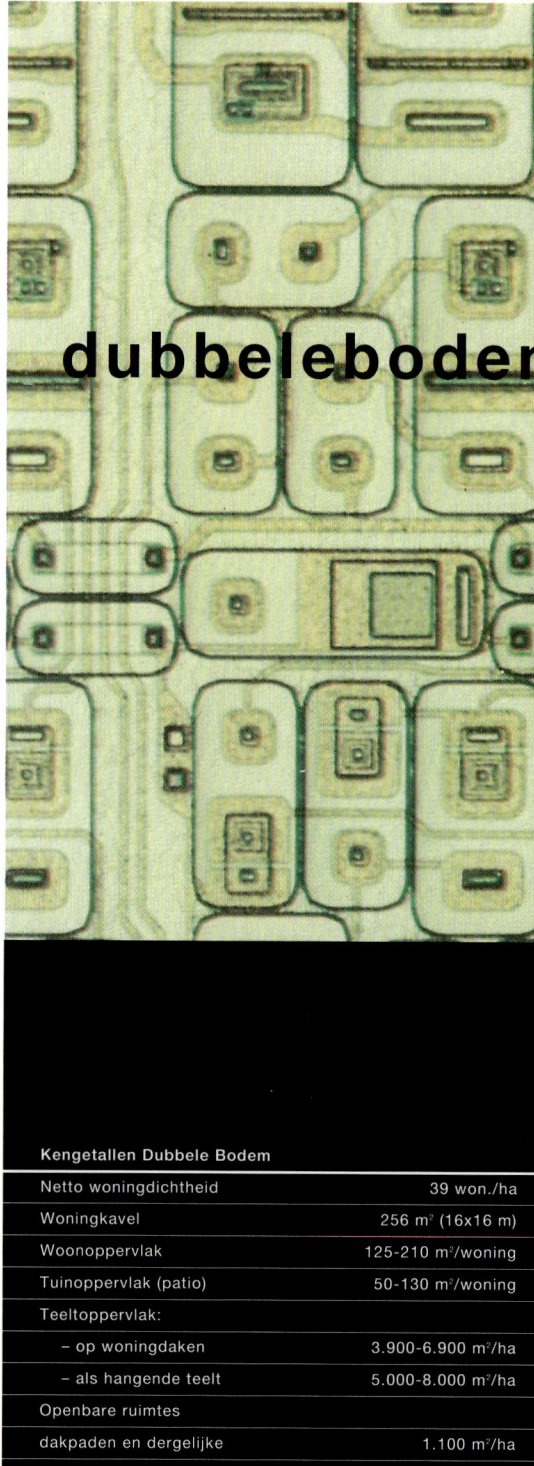

Dubbele Bodem Double Bottom

dubbele bodem

Wat van boven gezien als een kaslandschap oogt, blijkt een complexe schakeling van atriumwoningen. Bewoners lopen door de opgetilde kassen naar hun woning en dalen door een vide in de woonkamer af, die over de hele breedte aan het atrium ligt. Het panorama dat de glazen binnenwereld bood verandert in de beslotenheid van een buitenruimte. Alle kamers van het huis liggen eromheen.

De Dubbele Bodem realiseert een verdichting van het grondgebruik. De schakeling van de atriumwoningen is variabel. Rug aan rug of in kwartetten volgen ze de moduul van de kassenbouw (3,20 m). Ze hoeven niet duurder te zijn dan gewone patiowoningen. Het kost natuurlijk wél meer om kassen op een huis te bouwen dan op de grond, maar er zijn duidelijke economische en ecologische voordelen. Ten eerste wordt de grond dubbel gebruikt; ten tweede wordt de energie dubbel gebruikt en profiteert de woning in de winter van een warm dek, om in de zomer de koelte te ontvangen van het lommer dat hij draagt; ten derde wordt de koolzuurproductie van de woning door de kasflora omgezet in zuurstof, die de atmosfeer in de woning weer verrijkt. Ten slotte is het te doen om de intrigerende emoties die deze huizen kunnen verschaffen. Terwijl zich op de ongewone zolder van glas een bonte horizon ontplooit, daalt de rust in het atrium, open naar de hemel zoals een oude, mediterrane binnenplaats. Tussen de glazen wanden van de opgetilde kassen glanst de blauwe lucht of glinstert de regen.

double bottom

What appears to be a glasshouse landscape from above, turns out to be an intricate lay-out of patio houses. Residents reach their homes by walking through the elevated glasshouses. An open landing takes them to the living room below, which runs, full-width, along the patio. The panorama offered by the glass world changes into the intimacy of the patio, along which the other rooms of the house are situated as well.

Intensified use of the land is inherent in these Double-Bottom patios, whose arrangement may vary. Back to back or in quartets, they follow the glass house module (3.20 m). They needn't be more expensive than the ordinary patio house. Of course building glasshouses on top of a house is more expensive than building them on the ground, but there are some obvious economic and ecological advantages. First of all the soil is used for a dual purpose and secondly the energy is used twice - in winter the house is covered with a thermal coat and in summer it stays cool because of the vegetation on top. Thirdly the carbon dioxide produced by the house is transformed by the glasshouse flora into oxygen which in its turn improves the physical atmosphere in the house. And finally there are the intriguing emotions which these double-roof houses may call forth. While in the unusual attic of glass a mixed horizon unfolds, there is peace and quiet in the patio, which opens up to the sky like an old Mediterranean courtyard. In between the glass walls of the lifted glasshouses there is the blue sky or the glittering rain.

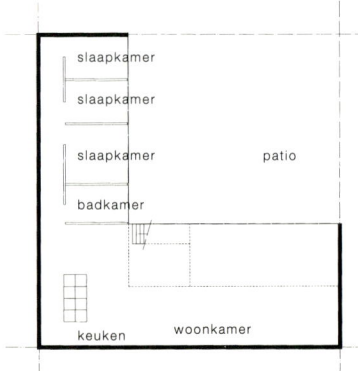

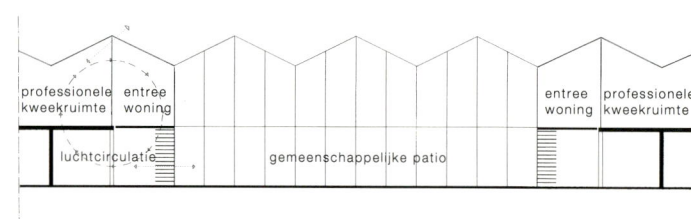

Kengetallen Dubbele Bodem	
Netto woningdichtheid	39 won./ha
Woningkavel	256 m² (16x16 m)
Woonoppervlak	125-210 m²/woning
Tuinoppervlak (patio)	50-130 m²/woning
Teeltoppervlak:	
– op woningdaken	3.900-6.900 m²/ha
– als hangende teelt	5.000-8.000 m²/ha
Openbare ruimtes	
dakpaden en dergelijke	1.100 m²/ha

doublebottom
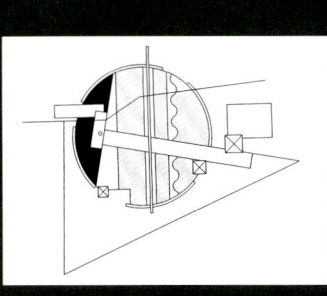

ZonnehovenSun Gardens

zonnehoven

In de Zonnehoven liggen de woningen aan binnenhoven die uitgespaard zijn in een 9 meter hoog glasveld waaronder een welige vegetatie tiert. De mensen lopen over met abrikozen- en perzikbomen omzoomde paden naar hun huis. Voor de woningen ligt een strook die de bewoners zelf mogen cultiveren of die wordt uitbesteed aan de tuinders van de Zonnehoven. De derde verdieping is een serre die zijn vruchten afwerpt als florafilter. Verzorging geschiedt privé of professioneel. Achter komen de woningen uit op een ruime hof. Een veranda loopt erlangs. Het regenwater dat op de kassen valt wordt verzameld in vijvers, nuttige voorraad voor de tuinders. Wanneer het regent doet zich geruis, gespetter en geklater horen, bij mooi weer wordt de kalme waterspiegel slechts beroerd door de vlietende schim van een karper.

sun gardens

In the Sun Gardens the houses are situated around courtyards, open areas in a glass field with a height of 9 metres, hiding an exuberant vegetation below. Along paths bordered by apricot and peach trees the residents walk to their homes. In front of their houses there is a strip of land which they cultivate themselves or which is put out to the Sun Gardens professional market gardeners. The third floor is a conservatory which serves as a florafilter. Plants are cared for by private persons or professionals. At the back of the houses is a spacious courtyard garden, bordered by a veranda. The rainwater falling onto the glasshouse is collected in ponds, extremely useful buffers for the gardeners. When it rains you hear the rustle and the pitapat of water. On a sunny day the smooth surface of the water is only disturbed by the fleeting shadow of a carp.

Professionele teelt — Toegangspad — Woningen met dakserre — Hof met vijver

Kengetallen Zonnehoven	
Netto woningdichtheid	36 won./ha
Woningkavel	130 m²
Woonoppervlak	120 m²/woning
Tuinoppervlak:	
- buitentuin	68 m²/woning
- kas-voortuin	20 m²/woning
- eventueel kas-daktuin	60 m²/woning
Teeltoppervlak:	
– maaiveldniveau	4.300 m²/ha
– hangende teelt	8.000 m²/ha
– eventueel woningdaken	2.000 m²/ha
Openbare ruimtes	
- wegen en paden	1.530 m²/ha
- bassins	700 m²/ha

ngardens
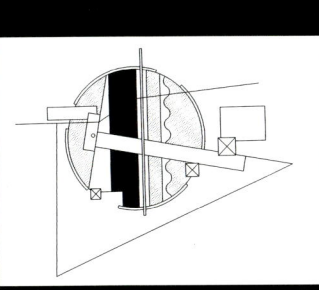

Grote Haag Giant Hedge

grote haag

De Grote Haag loopt in een parabolische kas van Noord naar Zuid. Op het maaiveld is de kas open en vormt hij een transportas voor de glastuinbouw, tevens een sierlijk loofgewelf tussen de parterres aan weerskanten. Pas op 5 meter hoogte begint de vegetatie. 's Zomers groeit er tropische groente en tomaat, dicht en weelderig. In de winter brandt er op bepaalde plekken groeibelichting. Aan het ene uiteinde verwerkt een anaërobe compostsilo het tuinafval; aan het andere uiteinde vangen vloeikassen het gebruikte water om het biologisch te reinigen. Als reuzenworm maakt de grote haag zaai, groei, oogst en de hele kringloop aanschouwelijk, als stoa nodigt hij uit tot een filosofische wandeling.

giant hedge

In a parabolical glasshouse the Giant Hedge runs from north to south. At ground level the glasshouse is open. It is a transport axis of the City Fruitful's glasshouse industry and an elegant passage, covered in foliage, between the parterres on both sides. Vegetation does not start until 5 metres above ground. In summer tropical vegetables and tomatoes knit their network of exuberant growth. In winter germination light makes some parts of the hedge light up. On one end of the hedge the garden waste is processed in an anaerobic compost tank. On the other end the used water is collected in glasshouse basins, to be purified biologically. As a gigantic worm the giant hedge contains the whole cycle of sowing, growing and harvesting, as a stoa it is the place for a philosophical walk.

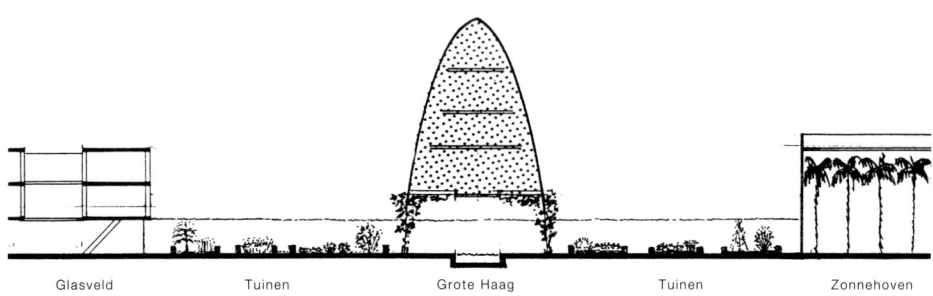

Glasveld   Tuinen   Grote Haag   Tuinen   Zonnehoven

nthedge

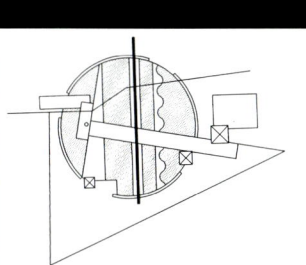

Periscoophuis

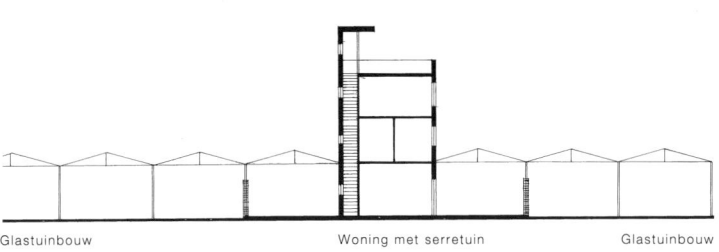

Glastuinbouw — Woning met serretuin — Glastuinbouw

Glasveld Glass Field

glasveld

Het Glasveld is een zone met lage kassen waarboven woningen uitrijzen in een soort opgetilde strokenverkaveling. Woonpaden lopen ongeveer om de honderd meter door de uitgestrekte kassen. Louvres schermen tuinkamers af, die toegang geven tot de erboven gelegen *Lofty terrace,* die door een schuine zuidgevel de zonneschijn nog diep onder zich laat invallen. Op de eerste verdieping bevinden zich de slaapkamers, juist boven het kasdak. Daarboven komt de woonkamer die split-level doorgaat naar een dakterras dat ver over de kunstmatige velden uitkijkt.

Aan de westkant steekt een variant van deze strokenverkaveling uit het Glasveld, via de aangrenzende parterres ontsloten. Korte stroken zijn door begroeide terrassen en trappen gespleten in een west- en een oostschijf. Een beschutte daktuin compenseert de tuinkamer die de *Double terrace* mist. Een andere variant is het Periscoophuis, vóórkomend aan de oostflank van het Glasveld, die aan het park van de Kristaltuinen grenst. Deze vrijstaande variant heeft beneden in de kas een tuinkamer met rondom tuin, slaapkamers op de verdieping, en een woonkamer op de dakverdieping. Wonen in het Glasveld ontleent zijn aantrekkelijkheid aan de combinatie van een eigen tuin en het uitzicht over het glazen landschap, dromerige vermenging van werkelijkheid en luchtspiegeling.

glass field

The Glass Field is an area of low glasshouses, with houses being raised in a sort of lifted strip lay-out. Every 100 metres an entrance path, leading to the houses, intersects the large glasshouse field. Louvres hide away the garden rooms, giving access to the *Lofty terrace* above, which casts only marginal shadows because of its slanted south facade. On the first floor the bedrooms are situated just above the glasshouse roof. On top is the living room, continuing split-level into a roof terrace, which gives a splendid view, all the way into the distance, of the artificial fields.

On the west another specimen of the strip lay-out is sticking its head from the Glass Field. It can be reached through the adjoining parterres. Grown over terraces and stairs split up the short strips into a western and an eastern slab. A secluded roof garden must make up for the garden room which is missing in the *Double terrace.* Another version is the Periscope House, on the east side of the Glass Field, bordering the park of the Crystal Gardens. This detached version of the Glass Field house has a garden room down below in the glasshouse, with a garden all around. Its bedrooms are on the first floor and its living room is on roof level. The attraction of living in the Glass Field is the combination of a garden of one's own and the panoramic view of the glass landscape, dreamy mixture of reality and mirage.

Kengetallen Glasveld (stroken)	
Netto woningdichtheid	25 won./ha
Woningkavels	90 m²
Woonoppervlak	110 m²/woning
Tuinoppervlak	
– wintertuin	80 m²/woning
– daktuin	28 m²/woning
Teeltoppervlak:	
– maaiveldniveau	7.250 m²/ha
Openbare ruimtes	
ontsluitingspaden	600 m²/ha

Double terrace

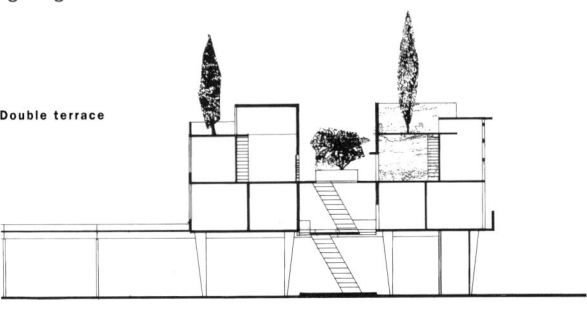

Glastuinbouw — Woningen — Parterres

Lofty terrace

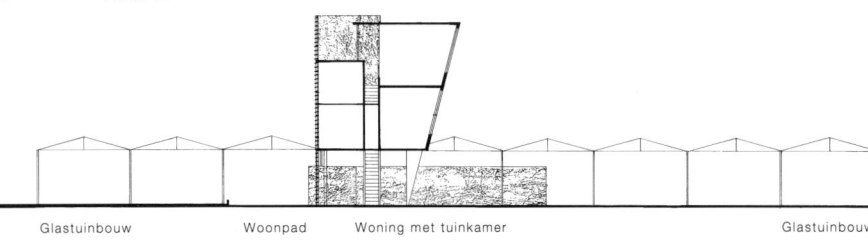

Glastuinbouw — Woonpad — Woning met tuinkamer — Glastuinbouw

ssfield
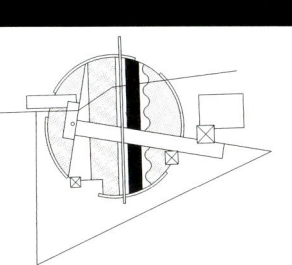

Door het villapark Kristaltuinen slingert zich een kreek tussen de moestuinen. Wilgen buigen zich over de oevers, populieren ritselen langs de paden. Dit is het decor voor drie typen metropolitain-agrarische villa's: het *Spiegelhuis*, de *Kasco* en de *Glaswikkel*. Het kweken van gewas voor voedsel of plezier betekent in het metropolitane leven een welkome ontspanning.

In the Crystal Gardens villapark a creek meanders through the vegetable gardens, willow trees bend down over its banks and poplars rustle along the paths. This is the setting for three types of metropolitan agricultural villas: the *Reflex Home*, the *Heron's Nest* and the *Glass Wrapper*. In the metropolitan lifestyle the production of food is thought to be a welcome relief.

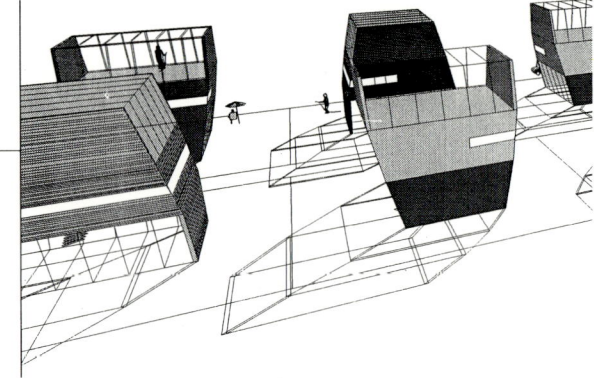

Kristaltuinen Crystal Gardens
Spiegelhuis Reflex Home

spiegelhuis

Het Spiegelhuis heeft iets weg van een paprika. Voorkanten, achterkanten of zijkanten zijn niet te onderscheiden, de villa kenmerkt zich door open en dichte kanten. Door steeds een blinde kant naar de buren te keren wordt inkijk geweerd. Binnen de tamelijk dichte verkaveling bieden de spiegelhuizen veel privacy. Een vereniging van eigenaren beheert het villapark.

Op de begane grond van het Spiegelhuis bevindt zich de tuinkamer waarin ook plaats is voor de keuken en een eethoek. De smalle zijden zijn dicht, de brede bestaan uit glazen schuifpuien, zodat het licht binnenstroomt en bij mooi weer de uitloop in de tuin onbelemmerd is. De verdieping is introvert en herbergt de rustruimten: drie slaapkamers en de badkamer. In de gevel zitten smalle raamstroken en luiken. De dakverdieping is extrovert en fungeert als wintertuin, woon- of werkkamer. De brede zijden bestaan uit panoramaramen, evenals het dak, terwijl de smalle zijden blind zijn. Ventilatieramen, mobiele schermdoeken, florafilters en luchtverwarming regelen het klimaat. Wanneer de zon schijnt kan de wintertuin opgewarmde en zuurstofrijke lucht doorpompen naar de andere vertrekken. Het Spiegelhuis geeft de grond die het inneemt terug als wintertuin, het heft zo zijn terreinbeslag op. In zijn bizarre betovering houdt het nauw contact met de vruchten van de aarde.

reflex home

The Reflex Home is an unusual villa which looks a bit like a pepper. There is no definite front, back or side; the villa is characterized by open and closed sides. Care is taken to always turn a blind side to the neighbour's house. Although rather close together Reflex Homes offer much privacy. An association of owners runs the villapark.

On the ground floor of the Reflex Home is the garden room, which also accomodates the kitchen and a dining area. The short sides are closed, the long sides consist of glass sliding doors, letting in the light and giving easy access to the garden when the weather is fine. The first floor is introvert and contains three bedrooms and the bathroom. On this floor there are only some thin window strips and shutters. The top floor is extravert and can be used as winter garden, living room or study. Its long sides consist of panorama windows, as does the roof. The two short sides are blind. The climate is controlled by means of ventilation windows, mobile screens, flora-filters and air-heating. When the sun shines, the winter garden may be heated and pump on air which is rich in oxygen to the other rooms. The Reflex Home returns the ground it has taken as a winter garden, thus neutralizing the loss of ground. In its bizarre spell it keeps in close touch with the fruits of the earth.

Kengetallen Spiegelhuizen	
Netto woningdichtheid	31 won./ha
Woningkavels	296 m²
Woonoppervlak	110 m²/woning
Tuinoppervlak:	
– buitentuin	246 m²/woning
– kas-daktuin	60 m²/woning
Openbare ruimtes:	
ontsluitingspaden	920 m²/ha

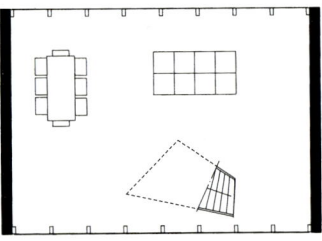
Tuinkamer

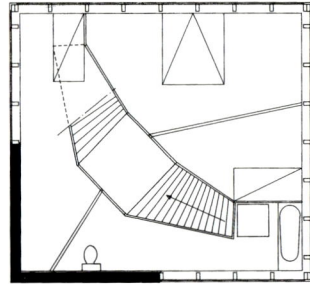
Rustvertrekken

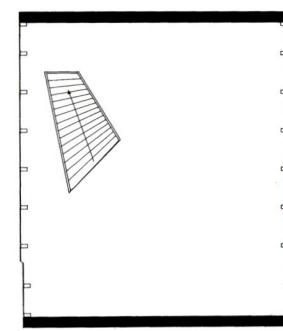
Glazen zolder

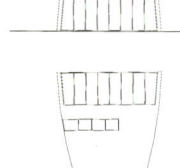
Gevels

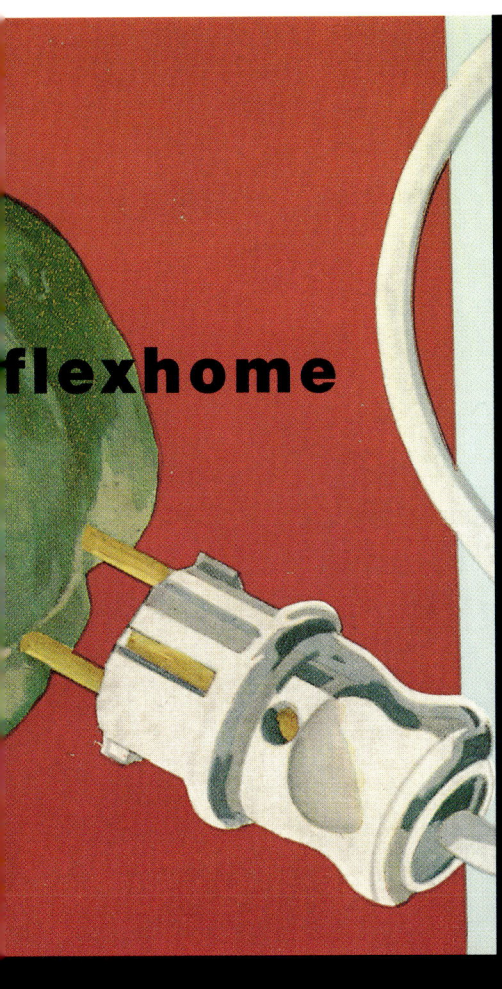

flexhome

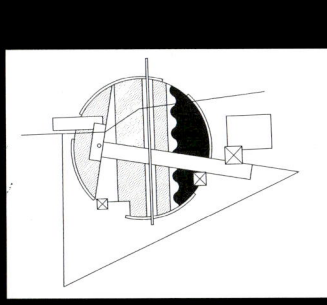

Kristaltuinen
Kasco Heron's Nest

Crystal Gardens

kasco

Het Kasco is een tuinhuis dat boven zijn tuin hangt. Achthoekige volumes staan op vier schuin ingeheide stelten die naar buiten uitkragen. De op drie meter hoogte hangende, geprefabriceerde basismoduul bevat een pantry en een sanitaire cel. Op het dakvlak kan de eigenaar naar eigen inzichten verder bouwen. Door de voorover hellende puien heeft de kweker een ontspiegeld zicht op zijn tuin. Het Kasco is een soort reigersnest, hoog boven de grond worden nieuwe levens en nieuwe ideeën uitgebroed. De reigerkolonie is geordend volgens een strak patroon, zoals gebruikelijk bij volkstuintjes. Ieder Kasco wordt bij oplevering aangesloten op waterleiding en riolering. Elektriciteit dient men zelf op te wekken met fotovoltaïsche cellen. Water kan men verwarmen met zonneboilers. Een vereniging van eigenaren draagt zorg voor de gemeenschappelijke elementen zoals de schuur met tuinmaterieel en bouwmateriaal. Zij stimuleert exotische tuinbouwproductie voor eigen gebruik, hetzij van de koude grond, hetzij uit kassen op de daken van de Kasco's. Iedere bebouwing van de grond wordt verboden om volledig voor tuinbouw vrij te blijven.

heron's nest

The Heron's Nest is a garden house 'floating' above its garden. Octagonal volumes are placed on four protruding, slanted stilts. The prefabricated basic module, caught in between the stilts at a height of 3 metres, contains a pantry and a sanitary cell. On the roof the owner may build as he likes. Because of the slanted walls the gardener has a non-reflecting view of his garden. The Heron's Nest is a genuine bird's nest, as high above the ground new lives and new ideas are being hatched. The colony of herons is layed out according to a strict pattern, as all allotment gardens are. On completion each Heron's Nest is connected to the water mains and the sewage system. Energy must be generated by the gardeners themselves by means of photo-voltaic cells. There are sun boilers to heat up the water. An association of owners takes care of communal elements, like the shed with its garden equipment, and building materials. It stimulates the non-commercial production of exotic fruits and vegetables, which are grown either outdoors or in the glasshouses on top of the Heron's Nests. Building on the ground is not allowed, as it is strictly for gardening.

Kengetallen Kasco's	
Netto woningdichtheid	44 won./ha
Woningkavels	200 m²
Woonoppervlak (Kasco)	25 m²/woning
Tuinoppervlak:	
– buitentuin	200 m²/woning
– daktuin	36 m²/woning
Openbare ruimtes:	
ontsluitingspaden	1.200 m²/ha

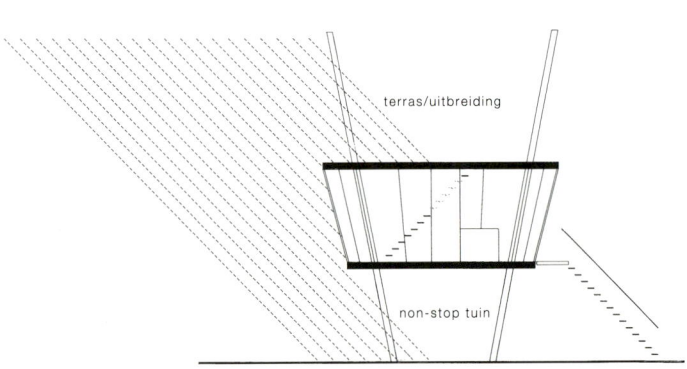

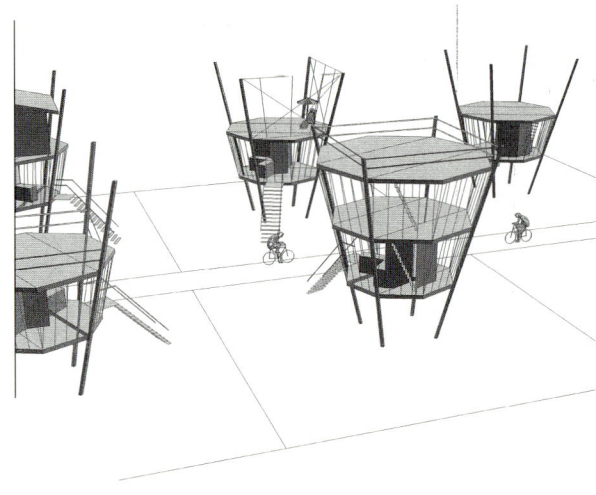

'snest

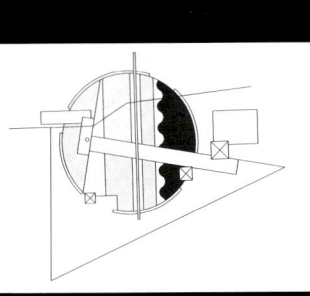

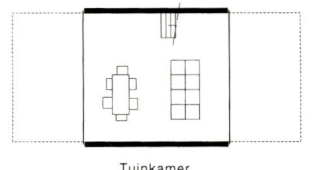
Tuinkamer

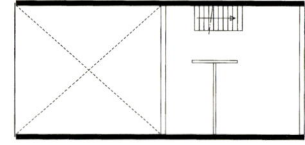
Nivo 1: woonkamer/slaapkamer

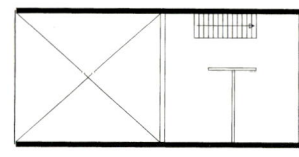
Nivo 2: slaapkamer

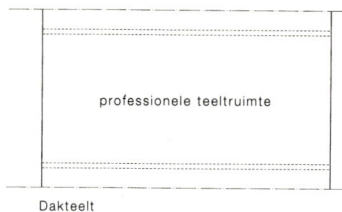
professionele teeltruimte
Dakteelt

Kristaltuinen / Crystal Gardens
Glaswikkel / Glass Wrapper

glaswikkel

Glaswikkel is een variant op de doorzonwoning, veranderd met het oog op de symbiose van glastuinbouw en woningbouw. Als een in zilverpapier gewikkelde chocoladereep vouwt zich om een dicht volume een lichte enveloppe. Tussen de reep en de wikkel zit een marge, variërend van spouw tot kas of kamer. Men betreedt de woningen, waarvan er zich zeven naast elkaar bevinden, door tuinkamers in de marge aan de onderkant. Door de schuin naar binnen gevouwen glasgevels ervaart men de continuïteit tussen voortuin en achtertuin, voortgezet in de planten die de tuinkamer zelf rijk is. Een trap voert naar de verdieping waar het doorzoneffect is verbroken: aan de zuidzijde een dubbelhoge woonkamer, in twee lagen de rustruimten aan de noordzijde. Verscholen in de reep, stroomt de woonkamer toch vol licht, niet alleen door een van muur tot muur gespannen glasgevel die uitzicht biedt op de Kristaltuinen, maar ook door een glazen plafond, waarboven zich een kas bevindt die over alle woningen doorloopt. De bewoners hebben geen toegang tot deze kas, hij wordt professioneel geëxploiteerd voor de lokale markt. De toegang zit aan de kop van de Glaswikkel. De glaskap isoleert en verwarmt de onderliggen woningen en regelt als florafilter de ventilatie. Op het dak wordt de door bebouwing ingenomen bodem teruggewonen, zelfs ruimschoots.

glass wrapper

The Glass Wrapper is a variation of the typical terraced or row house, adapted to the symbiosis of glasshouse and residential area. Like a chocolate bar, wrapped in silver foil, a light envelope is folded round a compact volume. In between the bar and the wrapper is a margin, varying from a cavity to a conservatory or room. The houses, of which there are seven in a row, may be entered through garden rooms in the margin underneath. The glass walls are tapering inwards, thus reinforcing the continuity between front and back garden, a continuity which is amplified by the plants in the garden room. A flight of stairs leads up to the floor where the airy effect is broken; on the south side there is a living room of two-storey height, on the north side, in two storeys, one finds the bedrooms. Although hidden in the bar, the living room is still full of light. This light not only comes from a full-width glass wall, overlooking the Crystal Gardens, but also from a glass ceiling, on top of which a conservatory runs over all seven houses. The residents have no entrance to this conservatory, it is exploited professionally for the local market. The entrance is at the head of the Glass Wrapper. The glass hood insulates, heats up the rooms below and is a florafilter, controlling ventilation. Once again the loss of soil, inherent in the building process, is made up for and even more than made up for, on top of the building.

Kengetallen Glaswikkels	
Netto woningdichtheid	48 won./ha
Woningkavels	150 m²
Woonoppervlak	130 m²/woning
Tuinoppervlak	
– buitentuin	118 m²/woning
Teeltoppervlak:	
– dakstrokenn	3.100 m²/ha
Openbare ruimtes:	
– ontsluitingspaden	2.800 m²/ha

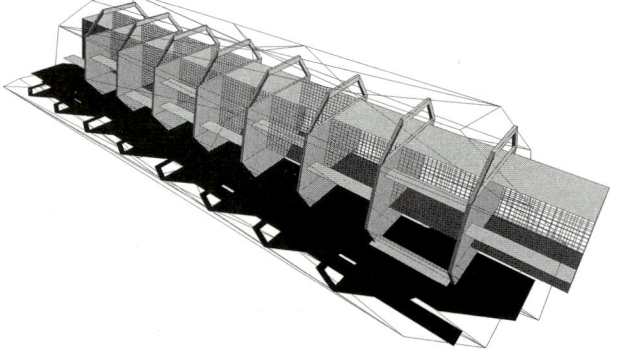

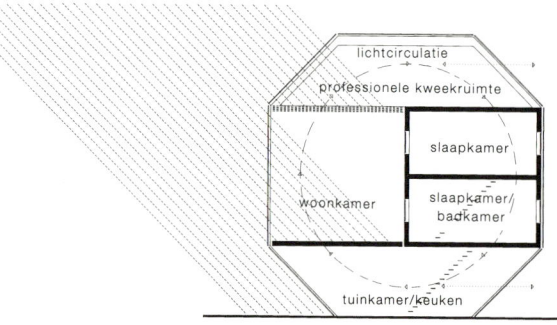

32 | 33
City Fruitful

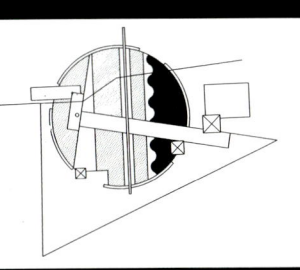

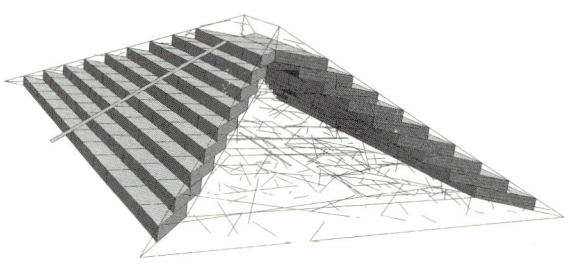

Doorzonberg en Bloemvulkaan / Translucent Mountain and Floral Volcano

doorzonberg en zonneheuvel

Gezocht is naar varianten op de terrasflat, dat gespleten type met zijn paradijselijke kant van hangende tuinen, tegenover de naargeestige, donkere, logge achterkant. De nadelen zijn begrepen als mogelijke voordelen, en ingezet om het doel van dubbel grondgebruik en symbiose van glastuinbouw en woningbouw te verwezenlijken.

De eerste variant is de simpelste. Van een piramide bestaan twee vlakken uit terrasflats en twee uit glas. De terrassen liggen op het oosten of westen, terwijl de noord-zuidas van de piramide transparant is. Het interieur vormt zo een hele hoge, lichte teeltruimte, een reusachtige wintertuin, die tevens de achterkant van de woningen vormt. Dit is de Doorzonberg.

De tweede variant is de Bloemvulkaan, ook een piramide, maar complexer en extremer. Aan vier kanten stapelen zich de terrasflats op, tot ze, tien verdiepingen hoog, op het hoogste punt een plateau vormen, waar zich een restaurant bevindt. Het markante is, dat een gefacetteerde, licht bollende glazen huid om de hele piramide is gespannen. De terrassen liggen dus niet in de buitenlucht maar in een subtropisch klimaat. Onder het glas lopen rails die het oogsten van de hangende teelt mogelijk maken. Dankzij de temperatuurgradiënt waait er altijd een zomerse bries; onder wordt koele lucht aangezogen, die zich opwarmt en, met zuurstof verrijkt, boven wordt geventileerd of in het binnenste van de piramide wordt geblazen. In dat schemerige, warme, vochtige ingewand gedijen paddestoelen. Als in een druipsteengrot lichten er rijen van hangende cellen op, waarin gewassen worden geteeld onder lampjes als vuurvliegjes.

De woningdichtheid van deze piramides is hoog, wat niet, zoals meestal bij hoogbouw het geval is, tot een groot ruimtebeslag in de omgeving leidt. Met hun flauwe helling nauwelijks schaduw werpend, ontnemen ze naburige bebouwing geen zonlicht. De Bloemvulkaan en de Doorzonberg voorzien hun bewoners van vruchten en groenten, warmte en zuurstof, opwinding en rust. Spreekt de Doorzonberg aan door riante terrassen met onbelemmerd uitzicht, de bewoners van de Bloemvulkaan zullen liefhebbers van de Provence zijn.

translucent mountain and floral volcano

Attempts have been made to facelift the terraced flat, this schizophrenic type of building with its paradisiacal side of hanging gardens and its gloomy back and heavy bottom. These disadvantages have been interpreted as potential advantages and have been called forth to effectuate the aim of the dual use of the soil and the symbiosis of glasshouse and residential area.

The first new type of flat is the more simple. Of a pyramid two sides are taken by terraces and two sides are glass. The terraces face east or west, while the north-south axis of the pyramid is transparent. The inside of the pyramid thus becomes a very high and light space for cultivation, a giant winter garden, which happens to be the back of the flats as well. This is the Translucent Mountain.

The second version is the Floral Volcano, another pyramid, more complex and extreme. On four sides the terraced flats pile up, until on the tenth floor they merge into a platform, which becomes the setting of a restaurant. Striking feature of this building is the faceted, slightly convex glass skin surrounding the entire pyramid. So the terraces are not in the open air, but in a subtropical climate. Underneath the glass is a system of rails for harvesting the hanging crop. The temperature gradient creates a permanent summer breeze; at the bottom of the pyramid cool air is sucked in. This air, which slowly gets warmer and richer in oxygen, is then ventilated in the top of the building or blown into the pyramid's heart. In this dusky, hot and humid belly mushrooms flourish. Like in a stalactite cave rows and rows of hanging cells light up, with crops absorbing the heat of firefly lamps.

The pyramid provides accomodation for a lot of people, never leaning too heavily on its surroundings, as usually happens in high-rise buildings. With its gently sloping sides the pyramid hardly casts any shade at all and does not rob its neighbours of their sunlight. Floral Volcano and Translucent Mountain provide their residents with fruits and vegetables, heat and oxygen, excitement and rest. What is so attractive about Translucent Mountain is its spacious terraces with their unobstructed views. And the Floral Volcano residents? Well, they must be lovers of the French Provence.

Kengetallen Doorzonberg	
Netto woningdichtheid	75 won./ha
Woningkavels	150 m²
Woonoppervlak	100 m²/woning
Tuinoppervlak:	
– terras	50 m²/woning
– kas-daktuin	— m²/woning
Teeltoppervlak:	
– maaiveldniveau	8.000 m²/ha
– hangende teelt	5.800 m²/ha
– cellenteelt	— m²/ha
Openbare ruimtes:	
–wegen en groen	2.500 m²/ha

Kengetallen Bloemvulkaan	
Netto woningdichtheid	125 won./ha
Woningkavels	150 m²
Woonoppervlak	100 m²/woning
Tuinoppervlak:	
– terras	50 m²/woning
– kas-daktuin	50 m²/woning
Teeltoppervlak:	
– maaiveldniveau	— m²/ha
– hangende teelt	11.600 m²/ha
– cellenteelt	9.000 m²/ha
Openbare ruimtes:	
wegen en groen	2.500 m²/ha

translucentmountain
floralvolcano

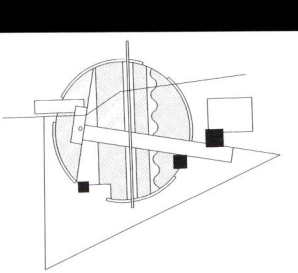

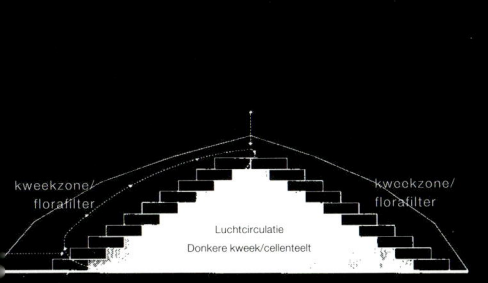

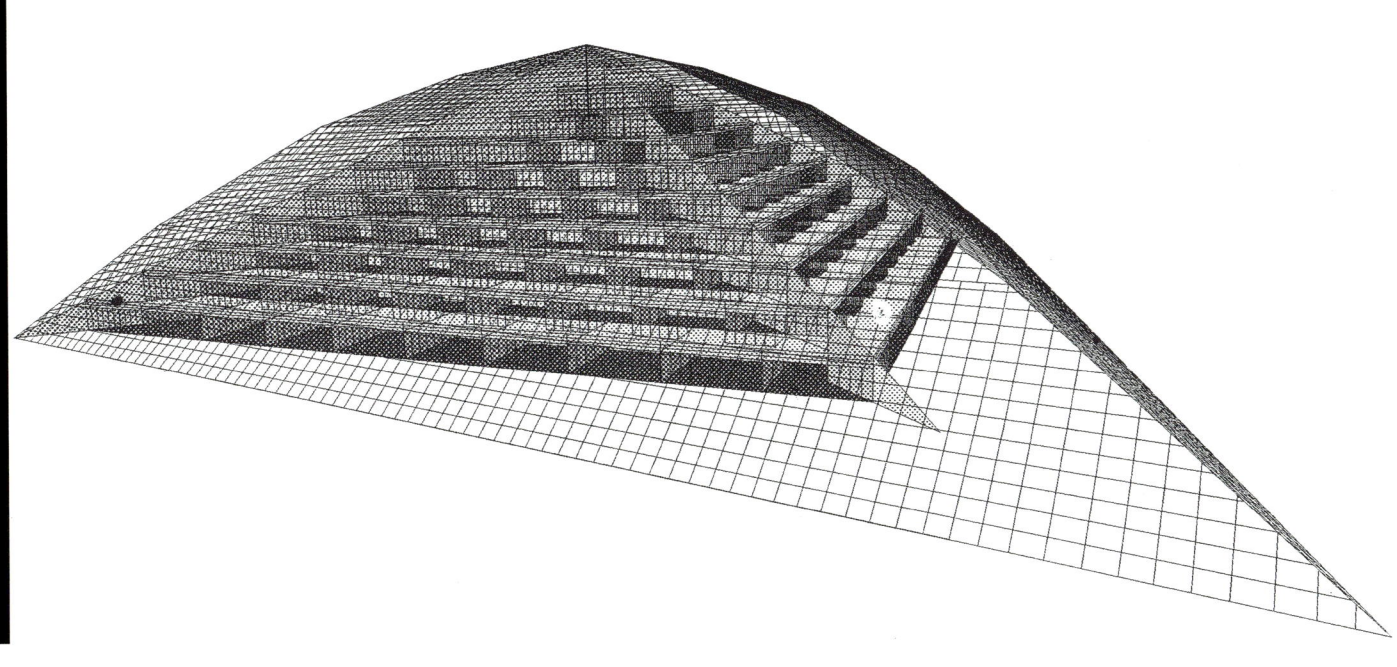

Golvend Veld Rolling Field

golvend veld

Langs de singel die de hoofdontsluiting van de vruchtbare stad vormt ontrolt zich het Golvend Veld. Van enige afstand ogend als stuifduinen, verschuilen er zich woningen in. Regelmatig steekt een bruggetje de singel over, waarover de moderne holbewoners zich naar hun woning begeven. Het duinlichaam vertoont overdwars doorgesneden een rijtje van zeven patiowoningen. In het golfdal bevinden zich het toegangspad en de patio, onder de golfkruin woonkamer en keuken. Een balkon in de dubbelhoge woonkamer kan als atelier of bibliotheek dienen, terwijl woningen aan de singel om en om van een extra beuk profiteren, geschikt voor kantoor of bedrijf aan huis. De slaapkamers liggen om de patio, die aan de andere kant van het pad als tuin doorloopt in de volgende golf, over het huis van de buurman. Hagen omzomen de hellende tuinen, waarvan de configuratie een abstract mozaïek vertoont. In deze hoge dichtheid blijkt door dubbel grondgebruik een heel diep kavel mogelijk, met een avontuurlijke tuin, waar je enerzijds afdaalt in het veilig dal en anderzijds de heuvel opklimt als je ver wil uitkijken. Gierend van de pret laten kinderen zich van de helling rollen.

rolling field

Along the Singel, which is the main route to and from the City Fruitful, the Rolling Field rises and falls. From a distance looking like dunes, the rolls are in fact the homes of modern cavemen. Every now and again a little bridge crosses the Singel, allowing the passage of residents. A cross-section of a dune reveals a row of seven U-shaped patio houses. In between the rolls are the path which gives access to the house and the patio, the top of the roll contains the living-room and a kitchen. A landing in the living room of two-storey height may be used as a studio or library. Every other house along the Singel has an extra bay, which may be used for office- or other professional activities. The bedrooms are situated around the patio, which continues, on the other side of the path, as a garden, in the next roll on the neighbours' house. Hedges surround the abstract mosaic of the slanting gardens. Intensive and dual use of the soil also opens up the possibility of creating a deep and adventurous garden, in which you can either descend into a safe valley or climb the hill to have a view of the surrounding landscape. Screaming with laughter children roll down the dunes.

Kengetallen Golvend Veld	
Netto woningdichtheid	48 won./ha
Woningkavels	195 m²
Woonoppervlak	115 m²/woning
Tuinoppervlak	
– buitentuin / daktuin	195 m²/woning
Openbare ruimtes:	
ontsluitingspaden	640 m²/ha

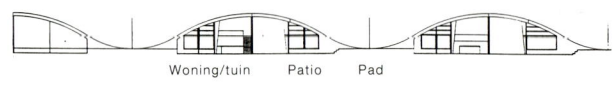

Woning/tuin Patio Pad

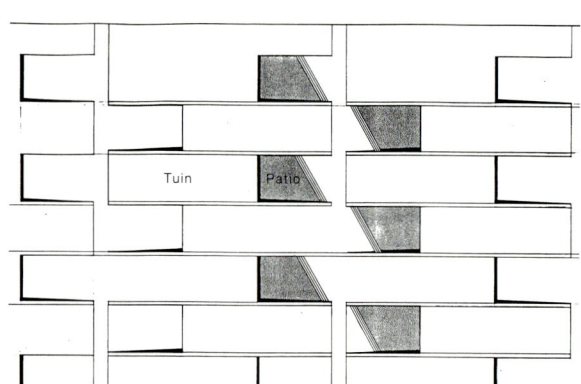

Tuin Patio

1. Entree
2. Woonkamer
3. Slaapkamers
4. Keuken
5. Badkamer
6. Patio

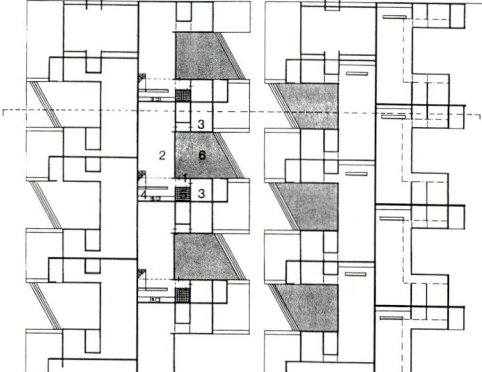

llingfie

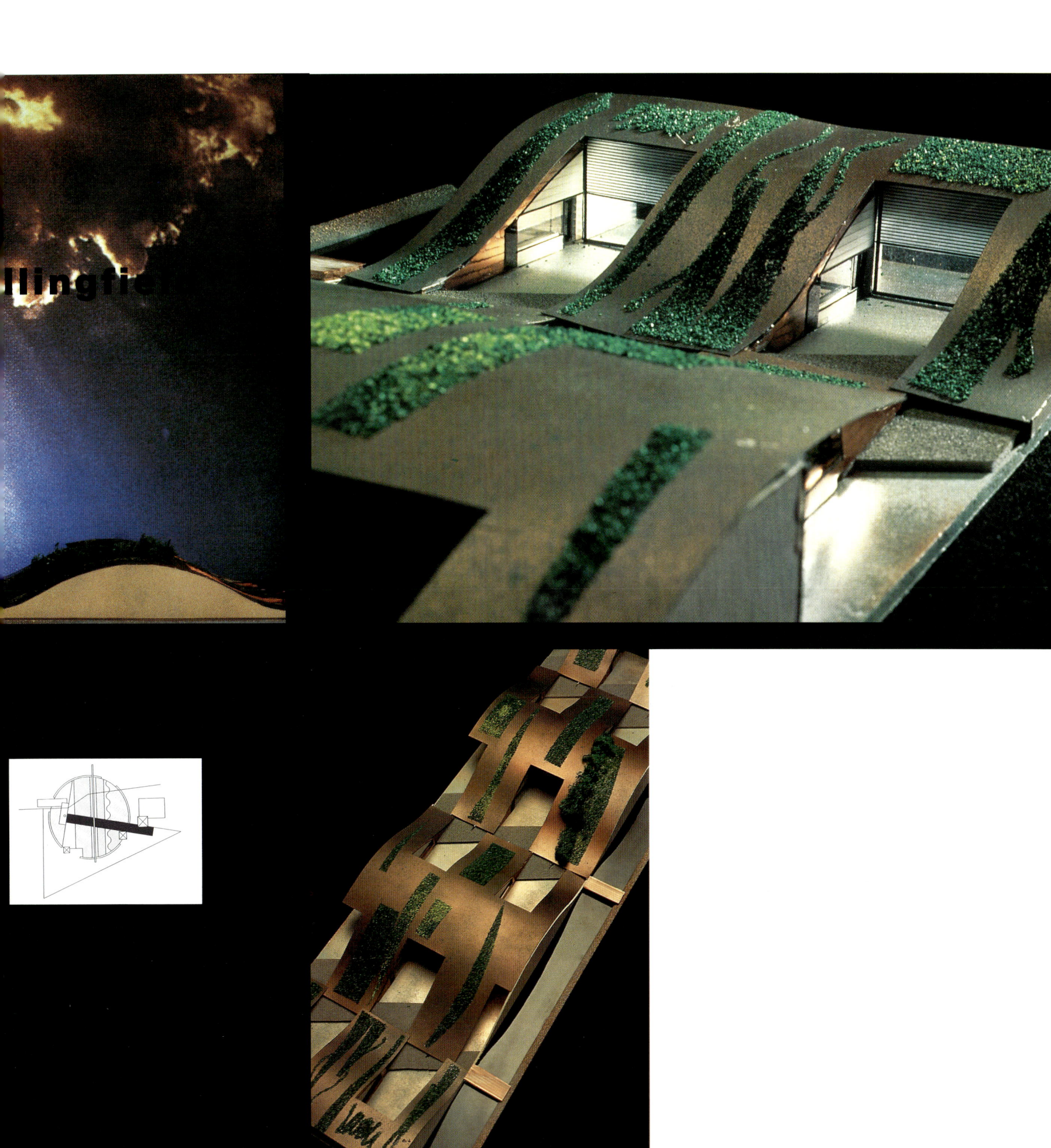

StadswalCity Wall

stadswal

Met zijn voet in het riet of het gras, rijst de Stadswal zachtjes op uit het landschap. Aan de binnenkant houdt hij robuust en stenig de stad gevat. Zijn wezen is echter niet de tegenstelling. De woningen die erin zitten bewaren het geheim van de twee gezichten van de stad. De atriumwoningen in de Stadswal zijn diep. Twee lagen hoog aan de stadskant, lopen ze af tot het maaiveld aan de buitenkant. Aan de binnenkant bevinden zich de toegang en een kamer, daarboven slaapkamers. Dieper bevinden zich traphal en keuken en achterin de grote woonkamer. Alle kamers komen uit op het atrium, een schaduwtuin, waarin de hemel wordt ingeraamd. Soms valt de zon binnen aan de lage kant van het in de wal uitgespaarde atrium. Uitzicht op het landschap heeft alleen de woonkamer door een onder in het talud geplaatst laag en breed venster. Zowel over de vruchtbare stad als over het omringende landschap uitkijken kun je alleen vanuit de kamertjes die bij sommige huizen als kantelen boven de Stadswal uitsteken.

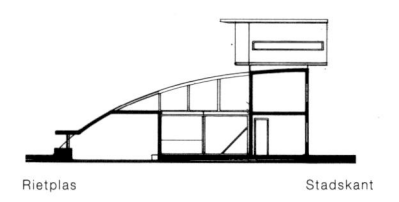

city wall

With its foot in the reed or the grass, the City Wall rises gently from the landscape. On the inside it keeps the city in its solid, stony grip. But its essence is not opposition. The houses nestling in the wall keep the secret of the city's two faces. The atrium houses in the City Wall are deep. From two-storey height on the city side, they slope down to ground level on the other side. On the inside are the entrance and a room, with the bedrooms on top. Deeper in the heart of the house we find the stairways and the kitchen and in the back there is the spacious living room. All rooms are situated around the atrium, a garden of shades in which the sky is framed. The occasional sunlight drops in through the lower part of the atrium. Only the living room overlooks the landscape through its low and long window at the bottom of the wall. A view of both City Fruitful and its surrounding landscape can only be obtained from the little rooms which rise from the City Wall in some houses, like the battlements of a castle.

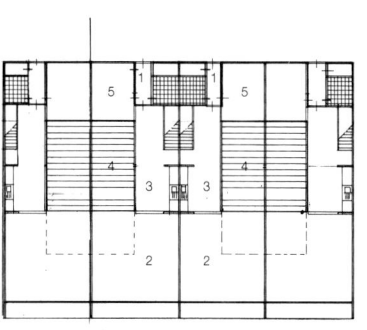

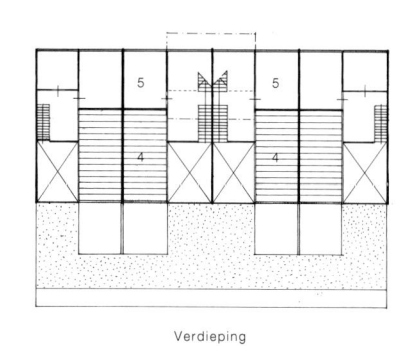

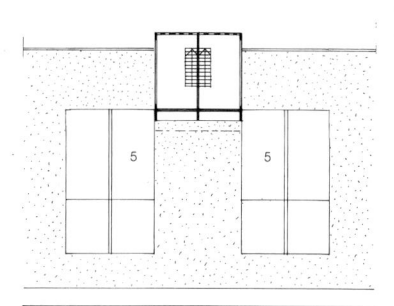

Gevel stadskant

Rietplas Stadskant

Beganegrond
1. Entree
2. Woonkamer
3. Keuken
4. Atrium
5. (Slaap)kamers

Verdieping

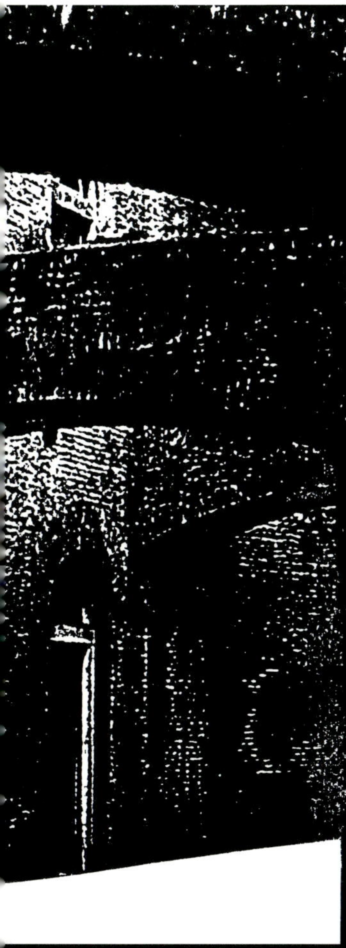
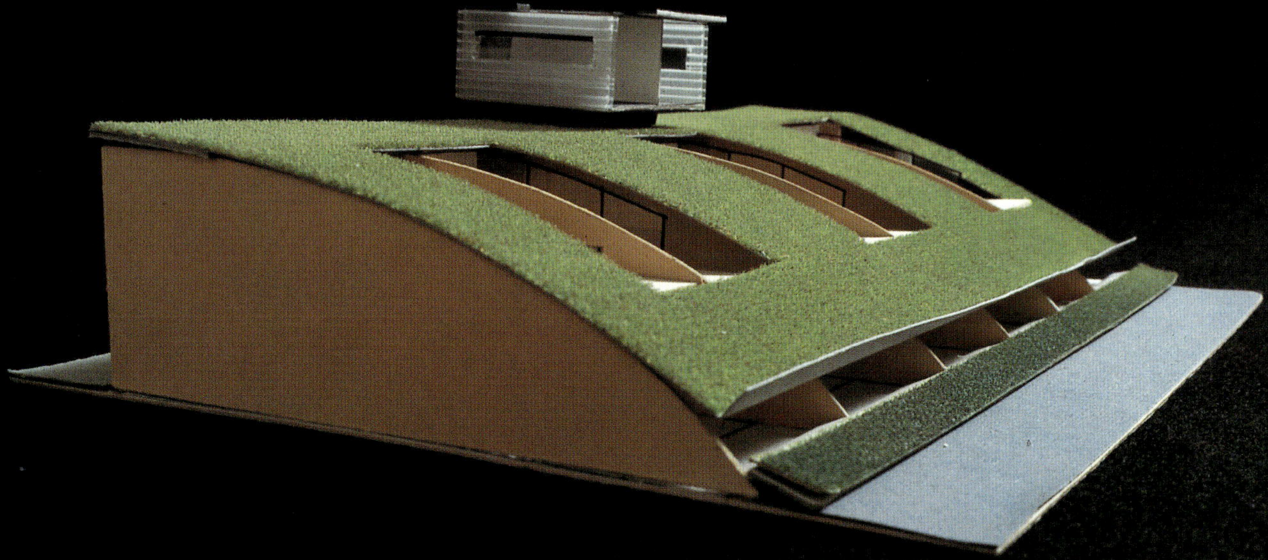
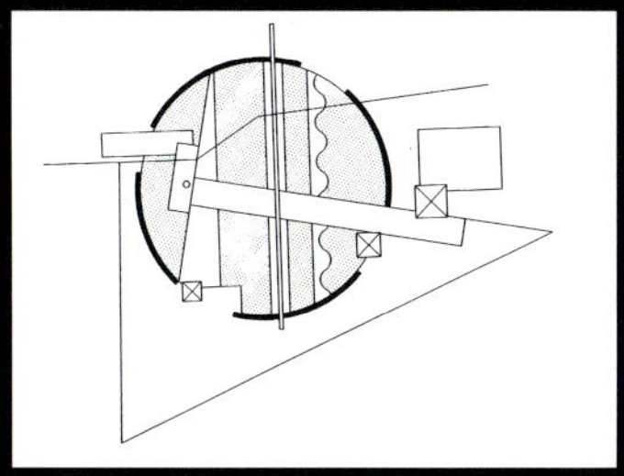
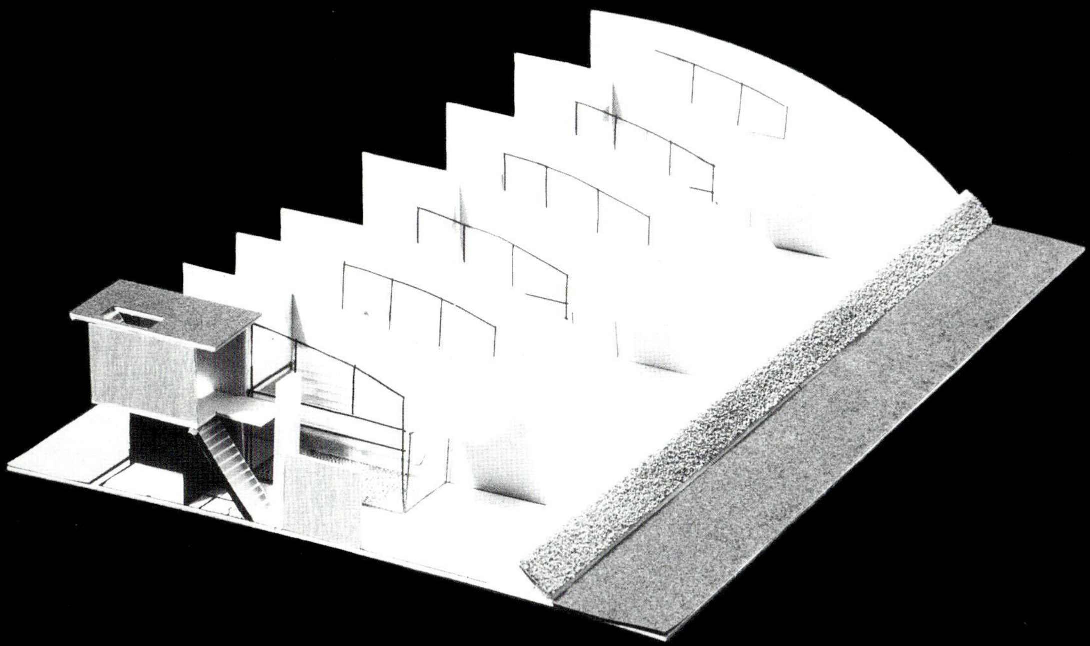

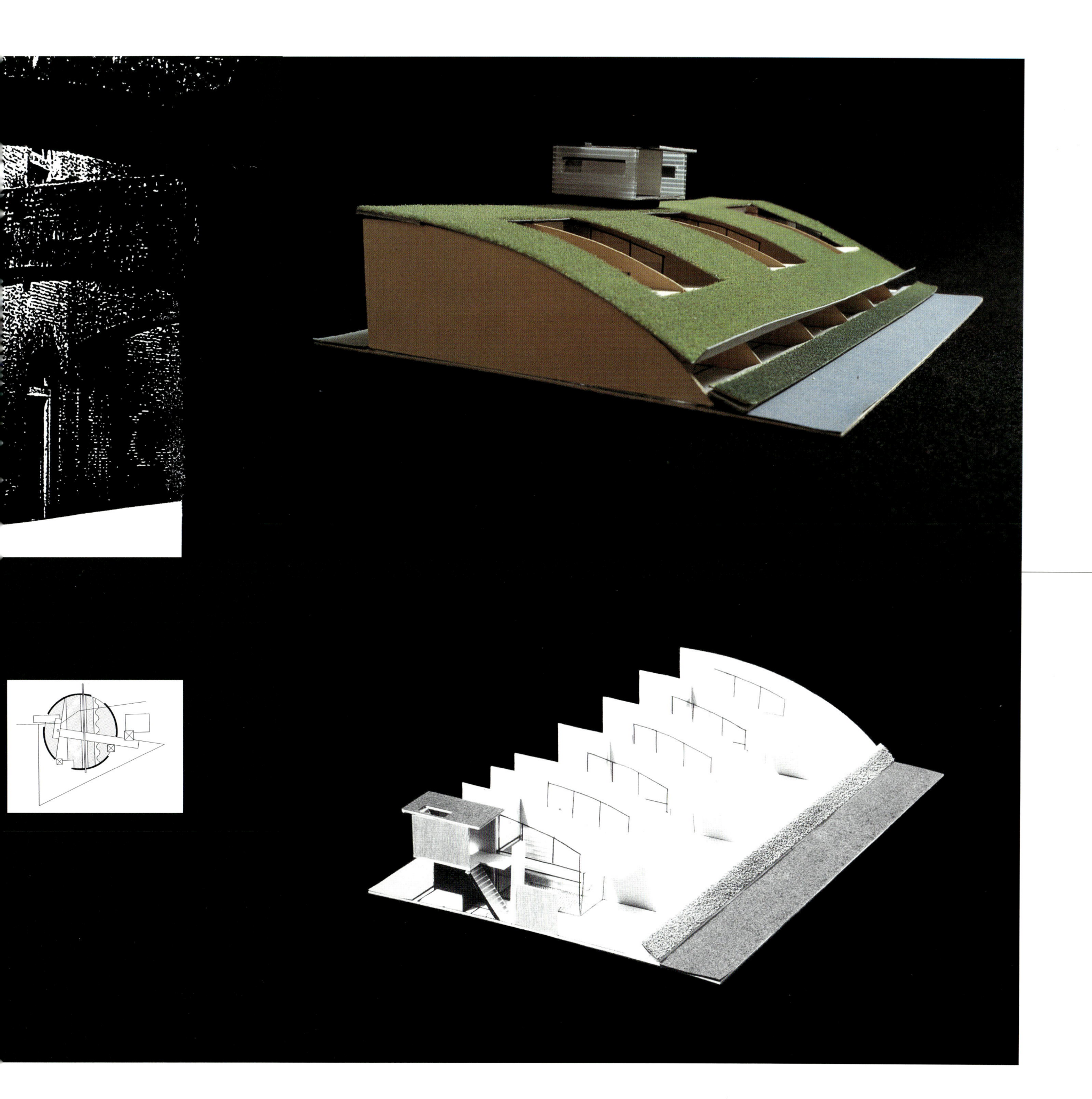

Kringlopen

Een stad drinkt, eet, verbrandt en ontlast zich. Het zijn dagelijkse cycli, fluctuerend per uur en per seizoen. Ontwerpers houden er rekening mee. Verder weten we dat een stad groeit, bloeit, vervalt, veroudert, zich verjongt. In de stad zorgt een veelvoud aan intelligente geesten er met hart en ziel voor dat deze processen in slimme en soepele kringlopen verlopen, niet zonder passie en speelse wendingen.

Kringlopen	Cycles
Waterhuishouding	Water Management
Klimaatbeheersing	Climate Control
Energiehuishouding	Energy Control
Afvalverwerking	Waste Processing
Kosten en baten	Costs and Profits
Gebruik en beheer	Use and Management

Recycling systems

A city drinks, eats, combusts and relieves itself, in daily cycles, fluctuating per hour and per season. Designers make this knowledge part of their design. A city is also known to grow, blossom, deteriorate, age and rejuvenate. In the City Fruitful an army of intelligent minds takes care, with all its heart, to streamline these processes into a framework of smart and smooth recycling systems and sprinkle them with a touch of passion and frivolity.

Water management

Careful and economic water management are paramount in the City Fruitful. On top of the glasshouses the rain water is collected, which is purified biologically and used for washing and for watering the crop. From the glasshouse the water is then transported to the toilets. Houses are equipped with water saving showerheads and toilet flushing systems. The glasshouses have their own water circuit which only needs a minimum of extra water and is part of the city's recycling system. Hydroponic cultivation keeps the fertilizers from reaching the soil as drain water is collected. Chemical pollution is a thing of the past. Condense water is collected and windmills pump the water up to a high-level basin where it is stored. This is not a water tower, but rather what the Italians call a *castello d'acqua*.

Kringloop van het water
Water cycle

Waterkasteel (buffer)
Water Castle (buffer)

Windmolens
Windmills

Rietplas
Reed Lake

Waterhuishouding

Zorgvuldig en economisch waterbeheer staan in de vruchtbare stad voorop. Op de kassen wordt regenwater opgevangen, dat, biologisch gezuiverd, voor wassen en sproeien wordt gebruikt. Waswater wordt weer naar de wc geleid. De huizen worden uitgerust met waterbesparende douchekoppen en toiletspoelsystemen. In de kassen wordt een watercircuit aangelegd dat minimale aanvulling vraagt en onderdeel is van een kringloop op het niveau van de stad. Substraatteelt houdt meststoffen uit de bodem, doordat drainwater wordt opgevangen. Chemische verontreining komt niet meer voor. Condenswater wordt opgevangen. Opslag van water vindt plaats in een hoog bekken, waarin windmolens het oppompen. Het is geen watertoren maar eerder wat de Italianen een *castello d'acqua* noemen. Dit waterkasteel, dat achter de Bloemvulkanen ligt, is een buffer voor droge tijden en bevat tevens potentiële energie, die turbines kan aandrijven of fonteinen voeden. Zuinig met water betekent nog niet karig met water. In tegendeel, water lest de dorst maar is ook een bron van plezier en maakt een speelse geest in de stad wakker. Water wil stromen, klateren, bruisen, fonkelen of spiegelglad glanzen. Het komt erop aan de kringloop creatief te benutten.

Dat geldt ook voor de riolering. We kennen het verbeterd gescheiden stelsel, waarbij het eerste regenwater dat op straat en op het dak valt, en stof bevat, door het riool wegspoelt. Na enige tijd, wanneer de boel is schoon gespoeld en de daarop berekende overstort vol is, valt het water in een schone buis, zodat het de rioolwaterzuivering niet belast en ontregelt. Zo wordt de eerste, vuile golf gescheiden van de tweede, schone. In dit ontwerp wordt de tweede golf geleid naar de rietplas, waar het meandert totdat het, extra gezuiverd door tussen de stengels levende organismen, gespuid wordt naar de vijver, de singel en ander open water dat de stad siert. Windmolens verzorgen de stroming. Intussen is het de moeite waard om te bestuderen of de eerste golf, mét het vuile rioolwater, zou kunnen worden geleid naar *vloeikassen*, die de warmte voor een intensieve biologische reiniging uit de zon halen en in tegenstelling tot de gangbare rioolwaterzuivering geen fossiele energie verbruiken. Na bekkens met wortelzones, bacteriën, algen, allerlei planten en zelfs slangen en vissen te zijn gepasseerd zou het water vandaar weer de rietplas in kunnen stromen. In de hele kringloop vervult het waterkasteel de sleutelrol van buffer. Overigens zijn de openbare ruimten niet geasfalteerd maar bestraat met klinkers en zijn goten niet van zink maar van aluminium: materialen die de waterkwaliteit niet nadelig beïnvloeden.

The water castle, right behind the Floral Volcanoes, is a buffer for times of drought and a potential producer of energy for driving turbines or feeding fountains. Water sparsity does not imply water scarcity. On the contrary, water quenches the thirst but is also a source of pleasure, appealing to frivolous spirits. Water loves to run, splash, seethe and foam, sparkle or be as smooth as a mirror. It is essential to be creative about recycling.

This is also true for the sewage system. The system applied here is the improved separate system; the very first flood of rainwater, caught by the streets and the roofs and containing a lot of dust, is swirled down the sewer. After some time, when streets and roofs are clean and the transfer drain is full, the water goes down a clean pipe, relieving the burden on the sewage works. Thus the first, dirty flood of rainwater is separated from the second clean one. In this design the second flood is then channelled to the reed lake, where it meanders and is cleaned once more by the organisms living in between the reed-stems. From the lake it is lowered into the pond, the Singel and other open waters adorning the city. Windmills take care of the flow. It is worthwhile considering whether the first flood, with the dirty sewage water, may be transported to the glasshouse basins, which take the heat for their intensified biological purification from the sun and - unlike the ordinary sewage works - do not use any fossil energy. After its passage through basins with root zones, bacteria, algae, all sorts of plants and even snakes and fish the water might be conducted back to the reed lake or stored in the buffer. The water castle buffer is of key importance in the city's recycling system. To eliminate the harmful effect on the quality of the water the public spaces are not covered with asphalt but paved with Dutch bricks and gutters are made of aluminum instead of zinc.

Klimaatbeheersing

Levende wezens passen zich aan het klimaat aan, ze regelen het deels echter zelf, vooral om te overleven, maar ook om van het leven te genieten. Heeft een kas voor de één iets onheilspellends - het *broeikaseffect* - voor de ander heeft het weelderige, verstilde ervan iets paradijselijks. Voor de meeste mensen bleef de atmosfeer onbehaaglijk. De moderne kas is echter uitgerust met op weerstations reagerende installaties. Temperatuur, licht, vochtigheid en luchtsamenstelling worden nauwkeurig gemeten en geregeld. Zo kan er, waar dat gewenst is, heel goed een aangenaam klimaat heersen. Waar woonhuizen in de kas uitkomen en er woonpaden door lopen kunnen ventilatieramen wijd worden opengezet, zodat je bij mooi weer de hemel ziet en zich de geurige kaslucht verfrist. Bij felle zon ontrollen zich schermen als veelvormige, bonte parasols, zodat je zelfs beter beschaduwd bent dan in een tuindorp. De flora heeft tenslotte een regulerende invloed en brengt op hete dagen merkbaar verkoeling. Tussen hoge ranken speelt dan het licht en intussen rijpen de druiven.

Climate Control

Living creatures adjust to the climate, but also partly control it themselves, mainly to survive but also to enjoy life. To some the glasshouse might have an ominous ring - the *greenhouse effect* - to others its abundant, stilled atmosphere is like the Garden of Eden. But for most people the unattractiveness of the glasshouse atmosphere remained. The modern glasshouse, however, is equipped with installations linked to weather stations. Temperature, light, humidity and composition of the air are carefully measured and controlled and a pleasant glasshouse atmosphere may be created. Where the entrance to a house is hidden in the glasshouse or an entrance path cuts right through the glasshouse carpet, airing windows may be opened - to give residents and gardeners a view of the sky above, when the weather is fine and to mix in some fresh air with the fragrant glasshouse perfume. When the sun gets too fierce, screens unfold into a sea of parasols of many shapes and colours, casting even more shade than you can find in the average garden city. And finally the atmosphere is controlled by the glasshouse flora, which really cools you down on a hot summer's day, while grapes put on their purple coat and the sunlight plays in the branches above.

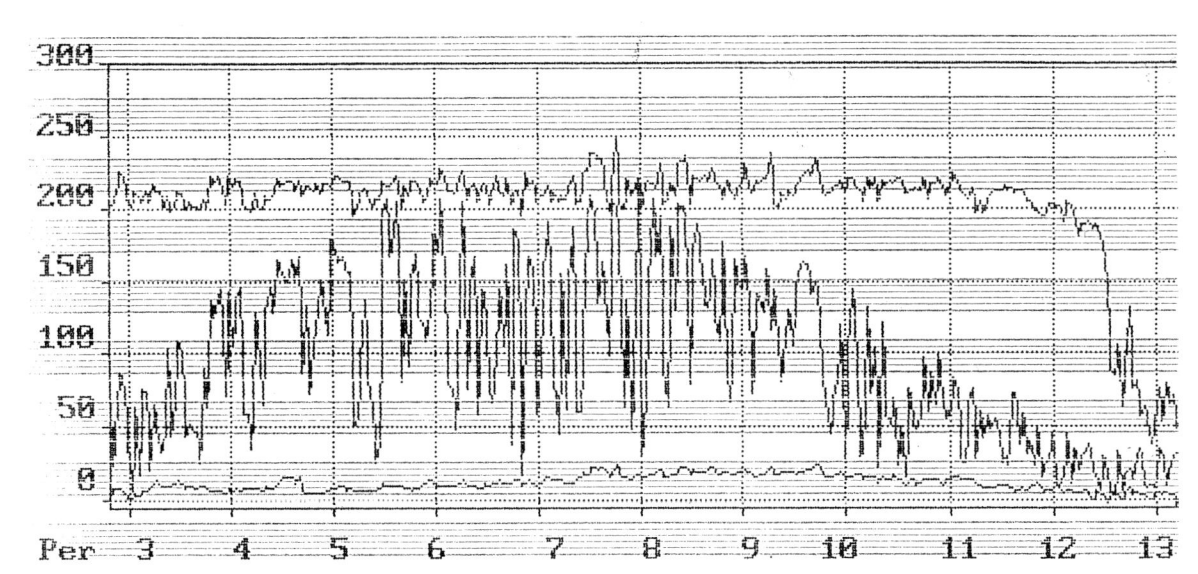

Kastemperatuur, straling en buitentemperatuur per vierwekelijkse periode
Glasshouse temperature, radiation and outside temperature per four-week period

Energiehuishouding

Zin en wezen van de kas is het passieve gebruik van zonne-energie. Zo is het altijd geweest, van de Romeinse *heliocamminus* tot de *oranjerieën* en de *serres*. De kas verlengt het groeiseizoen. Sinds kort worden kassen ook in het koude seizoen benut, kunstmatig bijverwarmd en soms zelfs verlicht. Koppeling van deze dubbele energiebron aan de woningbouw geeft een berekenbaar voordeel, wat in onderstaande diagrammen zichtbaar is gemaakt. De woningen koelen als het koud is minder snel af doordat ze grenzen aan verwarmde kassen. Dit effect zorgt voor een gemiddelde besparing op woningverwarming van circa 30%. Verder is sprake van een ventilatiekringloop tussen woningen en kassen. Energieschermen houden bij koude nachten warmte vast. Ten slotte zorgt warmte/krachtkoppeling voor energiebesparing. Een tiental over de vruchtbare stad verspreide gasgestookte aggregaten wekt niet alleen voor eigen gebruik maar ook voor het net elektriciteit op. De afvalwarmte die hierbij vrijkomt wordt benut voor kas- en woningverwarming. De vruchtbare stad verbruikt door deze combinatie van technieken per saldo 45% minder energie dan gescheiden woon- en glastuinbouwgebieden van dezelfde omvang. En er zijn nog meer mogelijkheden, bijvoorbeeld opslag van niet direct bruikbare afvalwarmte. Een dergelijke manier van energie cyclisch opslaan en aftappen is te verzinnen voor het waterkasteel: met overtollige elektriciteit opgepompt water bezit potentiële energie, die later via turbines weer gerealiseerd wordt. Voorts kan elektriciteit worden gewonnen uit fotovoltaïsche cellen en uit windmolens. Tenslotte kun je erop speculeren dat het eens mogelijk zal zijn de overmaat aan zonnewarmte die de kassen in de zomer opvangen op te slaan in plaats van te ventileren. Opslag is waarschijnlijk ondergronds mogelijk in watervoerende lagen, *aquifers*, waaraan de toegevoegde warmte periodiek kan worden onttrokken. In dat geval zou de vruchtbare stad in energetisch opzicht beslist zelfvoorzienend zijn. Intussen zijn de woningen reeds voorzien van zonneboilers en een gebalanceerde klimatisering met laag calorische radiatoren en verwarmde, zuurstofrijke floralucht.

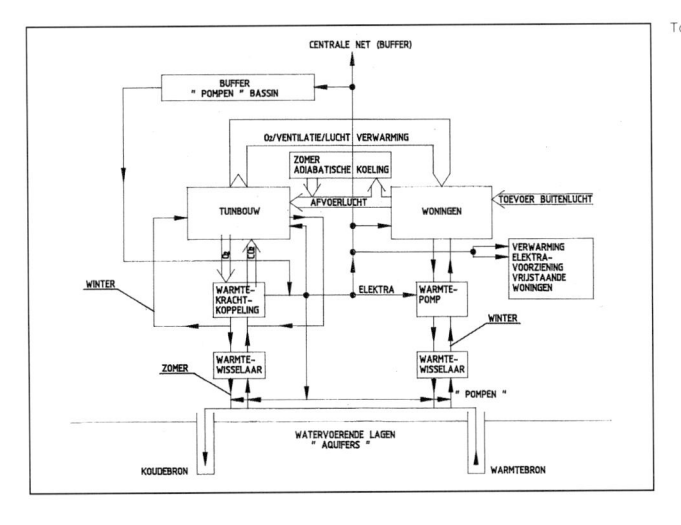

Toekomstbeeld energievoorziening met warmte-kracht-koppeling en warmteopslag in *aquifers*
Future energy supply: total-energy system and aquifer heat storage

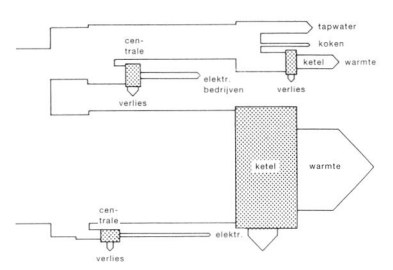

Conventionele energievoorziening, woningbouw en glastuinbouw gescheiden
Conventional energy supply, houses and glasshouses not combined

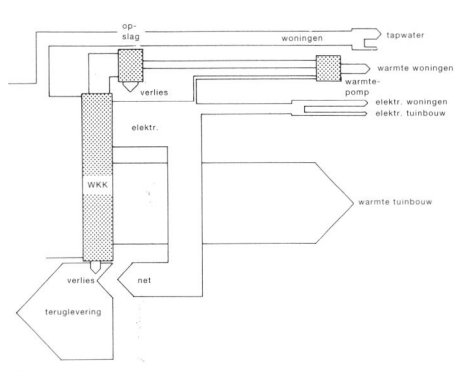

Warmte/krachtkoppeling met opslag woningbouw en glastuinbouw gecombineerd
Total energy system with storage, houses and glasshouses combined

Energy Control

Sense and essence of the glasshouse is the passive use of solar energy. This is how it has always been, from the Roman *Heliocamminus* to the *orangeries* and *conservatories*. The growing season is prolonged by the glasshouse. For some time now glasshouses have been used in the cold season as well. Heat is added artificially and sometimes the glasshouse is lit. Linkage of this dual source of energy to people's homes yields a considerable profit, calculated in the charts at left. When it is cold a house cools down much more slowly, because it is next to a glasshouse. This means an average reduction in heating costs for the homes of about 30 per cent. Then there is an air-recycling system between glasshouse and residential areas. In cold nights energy screens keep in the heat. And finally energy is saved by means of the total-energy system. In ten gas-fired units, across the City Fruitful, electricity is generated for internal use by the city, and for the mains. The residual heat, released in the process, is used for home and glasshouse heating. Because of this combination of techniques the City Fruitful needs 45 per cent less energy compared to separate residential and glasshouse areas of the same size. And there are even more options, such as the storage of surplus residual heat. A similar cyclical energy storage and tapping system may be invented for the water castle: water pumped up with a surplus of electricity has a potential energy which may be released later on, by means of turbines. Electricity may also be generated by means of photovoltaic cells and windmills. And finally one might speculate that one day it will be possible to store the surplus of solar heat, caught by the glasshouse in the summer, instead of ventilating it. The heat might be stored in subterranean aquifers, which may release the heat that has been added whenever there is a need. This would indeed make the city self-sufficient. Meanwhile the homes have been equipped with sun boilers and a well-balanced air-conditioning system with low-calory radiators and heated flora-air, which is rich in oxygen.

Afvalverwerking

Afval wordt gescheiden ingezameld. Groente- fruit- en tuinafval, de grootste afvalfractie, wordt via intern transport naar de *anaërobe compostsilo* gebracht, die zich aan het noordelijk uiteinde van de Grote Haag bevindt. Het wordt verwerkt tot matjes voor de substraattteelt. Op vrijkomend methaan, *biogas* genoemd, brandt weer een aggregaat dat elektriciteit opwekt.

Waste Processing

Waste is gathered separately. The vegetable, fruit and garden waste, the largest waste fraction, is transported internally to the *anaerobic compost tank* at the northern end of the Giant Hedge. Here it is made into little mats to be used in hydroponic cultivation. The methane released, the so called *biogas*, is in its turn used as fuel for a unit which generates electricity.

Typologie / Kengetal	Eenheid	Referentieverkaveling	Dubbele bodem	Zonnehoven	Glasveld	Spiegelhuizen	Kasco	Glaswikkel	Golvend veld	Doorzonberg	Bloemvulkaan
Netto woningdichtheid	won/ha	48	39	36	25	31	44	48	48	75	125
Kavelgrootte woningen	m²	147	256	130	90	296	200	150	195	150	150
Woonoppervlak (a)	m²/won	120	160	120	110	110	25	130	115	100	100
Tuinoppervlak											
- openluchttuin		87	94	68	28	246	236	118	195	50	
- kastuin		-	-	78	80	60	-	-	-	-	50
Totaal (b)	m²/won	87	94	156	108	306	236	118	195	50	50
Teeltoppervlak											
- staande teelt		-	0,51	0,43	0,73	-	-	0,31	-	0,80	-
- hangende teelt		-	0,62	0,80	-	-	-	-	-	0,58	1,16
- cellenteelt		-	-	-	-	-	-	-	-	-	0,90
Totaal (c)	ha/ha	-	1,13	1,23	0,73	-	-	0,31	-	1,38	2,06
Openbare ruimten	m²/ha	2940	1100	2230	700	920	936	2800	640	2500	2500
Grondgebruiksindex (a,b,c)	ha/ha										
- Woonoppervlak		0,58	0,62	0,43	0,28	0,34	0,11	0,62	0,56	0,75	1,25
- Tuinoppervlak		0,42	0,37	0,56	0,27	0,94	1,03	0,57	0,94	0,38	0,63
- Teeltoppervlak		-	1,13	1,23	0,73	-	-	0,31	-	1,38	2,06
Totaal (a+b+c)		1,00	2,12	2,22	1,28	1,28	1,14	1,50	1,50	2,51	3,94

Kengetallen per typologie
Indicators per typology

Kosten en baten

De investeringen voor de vruchtbare stad zitten voor het grootste deel in kosten voor bouwwerken. Dubbel grondgebruik van woningbouw plus glastuinbouw vergt relatief hoge investeringen, maar daar staat een hogere marktwaarde tegenover, nu de maatschappelijke en politieke waardering van ecologisch bouwen en wonen zich economisch begint te materialiseren. Het voor woningbouw en glastuinbouw uit te geven gebied draagt de kosten voor de aanleg van het openbaar gebied en de bovengrondse en ondergrondse infrastructuur. In onderstaand diagram zijn de onderlinge verhoudingen zichtbaar gemaakt.

Het aandeel openbare ruimte, te weten 36%, wijkt nauwelijks af van traditionele wijken, maar telt minder plaveisel (onder meer dankzij het verzamelen van de auto's op één punt), hetgeen de kosten drukt. De woningdichtheid bedraagt circa 30 woningen per hectare. Ofschoon ook dit in vergelijking met tradionele laagbouw een gemiddelde waarde is, bevat de vruchtbare stad door dubbelgrondgebruik tevens een uitgeefbaar oppervlak van ruim 30 hectare voor bedrijven. Het meervoudig grondgebruik is per type geïndexeerd en in een tabel weergegeven (als referentie geldt een blokverkaveling zonder parkeergelegenheid). De functionele verweving maakt dat het gebied uitzonderlijk goed wordt benut.

Eenmaal ontwikkeld en in gebruik, genereert het gebied ook inkomen. De produktie van de vruchtbare stad bedraagt circa acht miljoen kilo groente en fruit per jaar. Dat is negen maal de jaarlijkse consumptie van de bevolking van 4250 inwoners. De glastuinbouw geeft zelf werk aan 80 tot 110 mensen. Daarnaast verschaft afgeleide bedrijvigheid, zoals sorteren, verpakken en verwerken, arbeidsplaatsen in het gebied. Verder valt te denken aan begeleiding voor de met kassen gezegende bewoners en zou het een aardig idee zijn om een oogstvereniging op te richten die seizoenarbeid levert. Tenslotte is er het informatiecentrum waar research, voorlichting en administratie verricht wordt.

Costs and Profits

A major part of the City Fruitful's investment budget is spent on building costs. Dual use of the soil, for both residential and professional gardening purposes, requires some relatively high investments, but these investments are balanced by an increased market value, as the social and political appraisal of ecological methods of building and living is starting to materialize economically. The grounds to be issued as residential-cum-glasshouse area, bear the costs of the public area and the surface and subterranean infrastructure. In the chart above the various interrelationships have been visualized.

The public space ratio of 36 per cent hardly differs from traditional city districts, but there is less pavement, (partially due to the central parking space for cars), which keeps costs low. There are about thirty houses per 10,000 square metres. Although this is another average compared to traditional low-rise districts, the dual use of the soil also provides the City Fruitful with an extra 30,000 square metres for firms. The multiple use of the soil has been indexed per type and represented in a table (frame of reference: a block plot - no parking space). Intertwining functions make sure that this area is put to full use.

Once developed and in use, the area will generate its own income. The production of the City Fruitful amounts to about 8 million kilogrammes of vegetables and fruit per year, which is nine times the annual consumption of the city's entire population of 4250 people. Glasshouse cultivation means work for about 80 to 110 people. Jobs are also created by related activities such as sorting, wrapping and processing. Other options are cultivation counselling, to be given to the fortunate owner of the private glasshouse, or a harvesting association for seasonal work. And finally there is the information centre. Here research is done, information is given and administrative activities take place.

Gebruik en beheer

Om het eigen karakter en de symbiotische opzet te waarborgen moeten er goede afspraken over eigendom, inrichting, gebruik en beheer worden gemaakt. Het esthetisch genot van deze stad is onafscheidelijk van het ethisch gebruik van haar vruchten. Geen moraal zonder praktische inslag: al bij de realisering moet duidelijkheid bestaan over de voorwaarden waaronder de functies van glastuinbouw en woningbouw worden gecombineerd. De verwevenheid van belangen zal tot uitdrukking moeten komen in een beheersregeling. Daarbij is sprake van een publiekrechtelijke en een privaatrechtelijke kant. De gemeentelijke overheid kan, als voorwaarde scheppende partner, in het bestemmingsplan de doelstellingen en de wijze waarop zij denkt die te kunnen realiseren vastleggen. De 'beschrijving in hoofdlijnen' is het aangewezen instrument: latere ontwikkelingen moeten daaraan worden getoetst. Daarnaast zal de gemeente sturend moeten optreden door aan vergunningen voor bedrijven voorwaarden te verbinden die de handhaving van een schoon en gezond woonmilieu beogen. Zo zullen er van meet af aan ecologisch verantwoorde methoden voor ziekte- en plaagbestrijding, gewasbescherming en ongedierte-bestrijding voorgeschreven zijn. Zowel voor de tuinders als de bewoners betekent de bewuste keuze voor vestiging in de vruchtbare stad de vrijwillige aanvaarding van wat overlast over en weer, zoals dat ook in binnensteden gebeurt, waar de op prijs gestelde meerwaarde van gemengde functies enige soupelesse impliceert.

Naast het publiekrecht zullen er op basis van privaatrecht aanvullende regelingen nodig zijn. Daarbij kan bijvoorbeeld worden uitgegaan van een vereniging (van eigenaren) die op grond van een reglement het beheer nader vorm geeft. Het reglement moet weliswaar omvattend en gecentraliseerd zijn, doch een grote mate van contractvrijheid laten. Complementair kunnen zakelijke rechten worden gevestigd zoals erfdienstbaarheden om de onderlinge verwevenheid van functies en belangen te regelen. Bij dit alles zal iedere afspraak herkenbaar moeten zijn. Over haar noodzaak mag geen twijfel bestaan. De geest is belangrijker dan de letter. Het gaat immers om regels die even nieuw zijn als het ruimtelijk plan zelf.

TYPE	OPPER-VLAK (ha)	WONINGBOUW (ha)				BEDRIJVIGHEID (ha)							OPENBAAR GEBIED (h)			NUTTIG OPPERVLAK (ha)			
		AANTAL WON.	KAVEL OPP. (m2)	UITG. (ha)	PERCENT. WON.	GLAS TEELT	CELLEN TEELT	BUITEN TEELT	WINKELS VOORZ.	TOTAAL BEDR. OPP.	PERCENT. BEDRIJVEN	TOTAAL UITG.	OPENB. GEBIED	PERCENT. OPENB. GEB	TOTAAL NUTTIG	PERCENT. NUTTIG	PERCENT. UITGEEFB	PERCENT. OPENB. GEB.
Marktbebouwing	0,2	95	24	0,2	100	0,0	0,0	0,0	0,2	0,2	78	0,4	0,0	0	0,4	178	100	0
Dubbele bodem	4,4	150	296	4,4	100	3,0	0,0	0,0	0,0	3,0	68	7,4	0,5	11	7,9	179	94	6
Boomgaard	3,2	0	0	0,0	0	0,0	0,0	1,6	0,0	1,6	50	1,6	1,6	50	3,2	100	50	50
Zonnehoven	9,3	310	130	4,0	43	10,8	0,0	0,0	0,0	10,8	116	14,8	2,1	22	16,9	182	88	12
Tuinenzone+Grote haag	3,0	0	0	0,0	0	3,0	0,0	2,7	0,0	5,7	189	5,7	0,3	10	6,0	199	95	5
Glasveld	5,0	125	90	1,1	23	3,6	0,0	0,0	0,0	3,6	73	4,7	0,2	5	5,0	100	95	5
Kristaltuinen	8,6	220	182	4,0	46	0,9	0,0	1,5	0,0	2,4	28	6,4	2,2	26	8,6	100	74	26
Pyramides	2,9	205	141	2,9	100	2,9	1,0	0,0	0,0	3,8	133	6,7	0,7	25	7,4	258	90	10
Golvend veld	6,4	290	195	5,7	89	0,0	0,0	0,0	0,0	0,0	0	5,7	0,7	11	6,4	100	89	11
Stadswal	2,5	305	80	2,4	96	0,0	0,0	0,0	0,0	0,0	0	2,4	0,1	4	2,5	100	96	4
Te handhaven	1,5	0	0	0,0	0	0,0	0,0	0,0	0,0	0,0	0	0,0	1,5	100	1,5	100	0	100
Pleinen	0,9	0	0	0,0	0	0,0	0,3	0,0	0,5	0,8	88	0,8	0,5	50	1,3	138	63	37
Parkeerkas	1,8	0	0	0,0	0	0,5	0,0	0,0	0,0	0,5	28	0,5	3,5	198	4,0	226	13	87
Water	1,5	0	0	0,0	0	0,0	0,0	0,0	0,0	0,0	0	0,0	1,5	100	1,5	100	0	100
Hoofdweg	4,5	0	0	0,0	0	0,0	0,0	0,0	0,0	0,0	0	0,0	4,5	100	4,5	100	0	100
Totaal	55,6	1700	146	24,8	45	24,7	1,3	5,8	0,6	32,4	58	57,2	19,8	36	77,1	138	74	26

Grondgebruik
Land use

Use and Management

To warrant the City Fruitful's specific character and its symbiotic structure, watertight arrangements must be made about property rights and about organisation, use and management of the area. The aesthetic pleasure to be derived from this city is inextricably bound up with the ethic use of its fruits. No morality without a practical undertone: right from the very start conditions for combining glasshouse gardening and residential functions must be crystal clear. These interrelated interests will have to be expressed in a set of management rules and regulations, of a statutory- and private-law nature. As the public partner, the local government may use the zoning scheme to lay down objectives and views on how to reach them. The 'general outline', which is to accompany any master plan, is the perfect instrument: developments of a later date must be examined for compatibility with this description. The city also has a directing and controlling task when operating licences are issued to firms. Clauses should be added which aim for the maintenance of a clean and healthy living environment. Hence from the very beginning ecologically sound methods of fighting disease and pests, of protecting the crop and of fighting vermin will be outlined. For professional gardeners and city dwellers the conscious choice of living in the City Fruitful implies the voluntary acceptance of some mutual inconvenience, comparable to the nuisance of the inner city, where the much esteemed surplus value of mixed functions also presupposes some flexibility.

Apart from the statutory regulations, additional private-law arrangements will have to be made. One of these arrangements might be the establishment of an association (of owners) which uses the rules and regulations to give shape to the daily management practice. The set of rules and regulations must be comprehensive and centralized, but should also involve a considerable degree of freedom of contract. By way of completion some 'rights in rem', like the right of way, may be established to lay down rules for the property-related functions and interests. All arrangements must be perfectly clear, there must be no doubt about their necessity. The spirit is more important than the letter. For here we're dealing with rules as new as the city-concept.

Nawoord

City fruit**ful**

Epilogue

De vruchtbare stad is een voortbrengsel van een vergevorderde stedelijke beschaving. Zij is de ontmoeting van agrarische cultures die zo intensief worden dat ze een stedelijke verschijningsvorm hebben, en een stedelijk cultuur die zo extensief is dat ze een landelijke verschijningsvorm krijgt. Het gaat er in dit plan om, te ontsnappen aan een suburbane verstedelijking die het platteland overspoelt. Het positieve van dit concept is evenwel niet louter de bevestiging van een nieuwe stedelijke cultuur, dubbelganger van de agrarische cultuur. De vruchtbare stad wil namelijk ook de dubbelganger zijn van de natuur, die haar matrix en spiegel is. Zo'n verdubbeling is een denkbeeld, maar het denkbeeld is reëel. De tijd is immers voorbij dat stedebouw en architectuur hun grondslag vinden in het beschutten tegen de natuur of het overwinnen van haar beperkingen. Het gaat er allang niet meer om cultuur en natuur in tegengestelde zin van elkaar te scheiden. De natuur is de cultuur binnengehaald en voorwerp van beheer geworden, zelfs als wildernis. Nu zijn cultuur en natuur pas goed elkaars pendent. Dit betekent geen beperking maar onbegrensde mogelijkheden, mits gevat in een kringloop. Elke kringloop is een scheppingsverhaal.

The City Fruitful is a product of a sophisticated and advanced urban civilization. It is the meeting place of agricultural practices which have become so intensive that they have adopted an urban appearance and an urban culture so extensive that it has come to shape our countryside. The object of this plan is to escape from a suburbanisation that tends to flood the countryside. But the positive side to this concept is not merely its confirmation of a new urban culture, as the twin of its agricultural counterpart. The City Fruitful also likes to think of itself as nature's double and to allow nature, the city's matrix and mirror, a realm to breathe. For the times have long gone, when urban planning and architecture were meant to protect against nature or get the better of nature and its limitations. The separation of culture and nature, as opposites, wore off long ago. Nature has been absorbed by culture and has become the object of management, even in its state of wilderness. Culture and nature have become true pendants. The result is not constraint, but infinite possibilities, which have to be caught in cycles, each cycle being a Genesis.

Colofon
Colophon

Projectcoördinatie, ontwerp stedebouwkundige structuur en ontwerp Zonnehoven, Glasveld, Stadswal en Golvend Veld
Project co-ordination, design urban structure, and design Sun Gardens, Glass Field, City Wall and Rolling Field
    Kuiper Compagnons:
    Ashok Bhalotra (stedebouwkundige en architect),
    Eddy de Jong (stedebouwkundige, architect, project coördinator), Anton Bijlholt (ecoloog, landschapsontwerper),
    Hans Peter van Schooneveld (architect),
    Juliette Bekkering (architect), Edu Croes (planologisch econoom), Gerard Dekker (juridische aspecten),
    John van Heijningen (fotograaf),
    Klaas Geevers (maquettebouwer)

Ontwerp Glaspaviljoen, Dubbele Bodem, Doorzonberg en Bloemvulkaan, Kristaltuinen (Kasco, Glaswikkel, Spiegelhuizen)
Design Glass Pavilion, Double Bottom, Translucent Mountain and Floral Volcano, Crystal Gardens (Heron's Nest, Glass Wrapper, Reflex Home)
    Kas Oosterhuis Architekten:
    Kas Oosterhuis (architect), Ad Kil (architect),
    Leo Donkersloot (beeldend kunstenaar)

Visie glastuinbouw en groeiobjecten
Concept glasshouse cultivation and cultivation objects
    A.H. Art Activities:
    Adrie Huisman (beeldend kunstenaar)

Visie glastuinbouw en ontwerp Grote Haag
Concept glasshouse cultivation and design of Giant Hedge
    Gebr. A.J. en J.C. Alblas:
    Jack Alblas (tuinder)

Advies energiehuishouding
Energy control advice
    Witteveen + Bos, Raadgevend Ingenieurs:
    Willem Schuringa (bouwfysicus)

Ondersteuning
Support
    Gemeente Dordrecht, Dienst Stadsontwikkeling:
    Geertje Maaskamp (stedebouwkundige), Laurens Trimp (stedebouwkundige)

Projectbegeleiding
Project Counselling
    Rijks Planologische Dienst, secretariaat
    Voorbeeldplannen: Fred Kuyken, Klaus Vollmer

Het project is mogelijk gemaakt door een financiële bijdrage van het Ministerie van VROM in het kader van de Voorbeeldplannen van de Vierde Nota Ruimtelijke Ordening met als thema 'Kringlopen ruimtelijk vormgeven'.
The project was realized with the financial support of the Ministry for Housing, Physical Planning and Environment within the framework of the Exemplary Plans of the Fourth Report on Physical Planning. It was based on the theme of 'Recycling in physical planning'.

Deze uitgave is mede mogelijk gemaakt door de Rijks Planologische Dienst.
This publication was partly realized with the financial support of the National Planning Department.

Eindredactie
Edited by
Gijs Wallis de Vries

Vertaling
English translation
José van Zuylen

Vormgeving
Design
Allen Hori and Rick Vermeulen,
Hard Werken Design bv, Rotterdam

Fotografie omslag
Cover photography
Dick Weisz, Delft

Lithografie en druk
Lithography and printing
Snoeck Ducaju, Gent

© 1992
Uitgeverij 010 Publishers, Rotterdam
de auteurs
the authors

CIP/ISBN 90-6450-179-3